高职院校规划教材 · 诵读系列

经典诵读

元曲 现当代散文

主　编　陈　琳　朱　琦　苏国波
副主编　邓　桀　左　彬　骆　欢
参　编　陆德凤　张韩羽　何　妮
　　　　张田田　李彦凤　虎良召

复旦大学出版社

序

古今中外的经典诗文博大精深，内涵丰富。它是古代先哲圣贤与现当代文学家思想、智慧的结晶，是各民族的文化瑰宝，具有重要的文学价值和德育价值。诵读经典，可以修养身心，丰富学识，使我们获得无限的智慧；诵读经典，可以引领我们去认识美、感知美、欣赏美，享受快乐人生；诵读经典，有助于提升我们的思想境界，净化心灵，锻造高尚的人格。经典诗文，恰似滋润心灵的甘泉，又似丝丝春雨，在不知不觉中浸润我们的灵魂，使我们的人生更充实、更丰富、更完美。

为了更好地弘扬经典，让经典诗文浸润当代大学生的心灵，培养有理想、有担当的社会主义接班人和建设者，贵州省职业教育学会、贵州省内六所职业院校、复旦大学出版社的同仁齐心协力，共同组织编写了经典诵读系列教材共四册。本书为其中的“元曲　现当代散文”分册。

本书根据职业院校学生的年龄特点，在内容的组织编排上，层层深入，循序渐进，丰富多彩。考虑到教学中相关课程课时有限，书中所选的都是短小精悍的篇目，便于广大师生选读，并按类别分为两个篇章：

第一篇章“元曲”，选取了关汉卿、王实甫、白朴、马致远、张可久等名家的作品共 12 篇。

第二篇章“现当代散文”，选取了我国现当代具有代表性的散文作品共48篇。限于篇幅，部分作品是节选。

古人云："读书百遍，其义自见。"在最美的青春年华广泛撷取优秀传统文化，积累沉淀，最终内化为自身文化与精神的一部分，就如同河流带来的种子，最终会在远处开出芬芳的花朵。

传承人类文明和文化，让我们一起诵读经典吧！心情愉悦地读，酣畅淋漓地读，让这些意蕴深远、文字优美的经典作品成为我们的精神食粮，成为我们心灵的永恒家园，伴随我们一生。

编　者

2019年5月20日

目录

元曲

现当代散文

【南吕】四块玉 别情

自送别，心难舍。
一点相思几时绝，凭阑袖拂杨花雪[1]。
溪又斜，山又遮，人去也。

【注释】

〔1〕阑：栏杆。

【赏析】

关汉卿，号已斋，约生于金末，卒于元，元代杂剧作家。大都（今北京）人，又有祁州（治今河北安国）、解州（治今山西运城市西南解州镇）人诸说。是中国古代戏曲创作的代表人物，与马致远、郑光祖、白朴并称为“元曲四大家”，关汉卿居首。作品以杂剧的成就最大，最著名的有《窦娥冤》；历史剧代表作有《救风尘》《单刀会》《西蜀梦》等；散曲今存小令50多首、套数10多首，被誉“曲家圣人”。

这是一首描写古代女子离情别恨的散曲。全曲只有七句，没有长篇大论的铺述和渲染，但却恰如其分地将女子的相思离别表达得淋漓尽致。寥寥数语为我们勾勒出一幅女子凭栏思夫图，同时也给我们一个极大的想象空间。

散曲前三句“自送别，心难舍，一点相思几时绝”，抒写了别离时的不舍与艰难。相见时难别亦难，情浓之时的人们却要被迫分离。“自送别，心难舍”，一个“难”字，将离别时的不舍流露出来。这难舍之情也许恰如莺莺十里长亭送别张生时这般：“这大小车儿如何载得起”。“一点相思几时绝”这句，让我们想起“离恨恰如青草，更行更远还生”，这相思离恨是如青草流水一般绵绵悠长的。“几时绝”便是女子在自问，谁知道呢？只要相隔天涯，只要没有日日厮守，这相思就难以停止。这句曲抒发了女子对远方良人的情意绵长，同时又让我们体会到她心情的凄然与盼望，她渴望早点结束这相思，可是她对于归期又是无望的，她只能独抱着这相思，凄然地问一声“几时绝”。

第四句“凭阑袖拂杨花雪”。女子怀着一腔的相思离愁凭阑远眺。人说“登高望远”，她在望着良人是否能够归来，或许只是望着良人离别时远去的方向，希望自己的眼睛能穿越千山万水，看见他踽踽独行的背影。苏轼在《少年游·润州作代人寄远》中写道：“今年春尽，杨花似雪”。杨花成了闺怨女子的化身，女子凭栏远望时，用自己那长长的宽宽的袖子将如雪的杨花拂落在地，那点点悠悠落下的杨花恰如女子潸然而下的眼泪。

后三句“溪又斜，山又遮，人去也”承接第四句“凭阑”而来，女子凭栏远眺，触目之处是山长水阔，溪斜山遮。句中“又”字流露出的是女子的怨怒。她怨恨这溪这山遮挡了良人的影子。若是大地广阔一马平川，没有任何遮挡，是不是就可以看见良人呢？女子在迫切相思的心绪下，竟迁怒于山水，这无理的迁怒恰恰体现了她对良人的热切思念。

【南吕】一枝花 不伏老(节选)

我是个蒸不烂、煮不熟、捶不匾、炒不爆、响珰珰一粒铜豌豆,恁子弟每谁教你钻入他锄不断、斫不下、解不开、顿不脱、慢腾腾千层锦套头〔1〕。我玩的是梁园月〔2〕,饮的是东京酒〔3〕;赏的是洛阳花〔4〕,攀的是章台柳〔5〕。我也会围棋、会蹴踘、会打围、会插科,会歌舞〔6〕、会吹弹、会咽作、会吟诗、会双陆〔7〕。你便是落了我牙、歪了我嘴、瘸了我腿、折了我手,天赐与我这几般儿歹症候〔8〕,尚兀自不肯休〔9〕。则除是阎王亲自唤,神鬼自来勾,三魂归地府,七魄丧冥幽。天哪,那其间才不向烟花路儿上走⑩!

【注释】

〔1〕千层锦套头:指风月场诱人的圈套。

〔2〕梁园:汉梁孝王所建,位于今河南开封市东南,是古时著名的游赏宴饮之所。

〔3〕东京:北宋京城开封。

〔4〕洛阳花;指洛阳牡丹。

〔5〕章台柳:章台,汉代长安街名。唐代诗人韩翃,有宠姬柳氏,他到别地当官,将柳氏安置于京都。三年后,因想念柳氏,作《章台柳》词寄之。词云:"章台柳,章台柳,昔日青青今在否?纵使长条似旧垂,也应攀折他人手。"

〔6〕蹴(cù)踘(jū):踢球。打围:即打猎。插科:即插科打诨,指滑稽表演。

〔7〕咽作：唱曲。双陆：古时一种博胜负的游戏。
〔8〕歹症候：坏毛病。
〔9〕兀自：犹，仍。
⑩ 烟花路：指风流放荡的生活。

【赏析】

隋树森先生曾经这样评论："元代不乏精彩的散曲，但其中最令人肯定的杰作只有四大家的几篇，《一枝花·不伏老》是其中的典范；它精彩在哪，难以完全述论，恐怕是他的风流和不逊了。"

《一枝花·不伏老》是关汉卿创作的一首带有自述心志性质的套曲作品，这套曲子用本色、生动、诙谐、夸张的语言，以大胆而又夸张的笔调，熟练地发挥了散曲形式的特点，描写了作者的浪漫生活和多才多艺，实际上也是倾诉了他对当时社会的一种反感，显示了作者狂放高傲的个性，表现了顽强、乐观的性格。

"我是个蒸不烂、煮不熟、捶不匾、炒不爆、响珰珰一粒铜豌豆。"这是关汉卿坚韧、顽强性格的自画像，表明决不与黑暗现实妥协的决心。正由于对黑暗社会现实的强烈不满，对统治阶级坚决不合作的态度，关汉卿才用极端的语言来夸示他那完全市民化了的生活。他的这种大胆又略带夸饰的笔调，在当时的社会中，具有一定战斗意义。

【正宫】白鹤子

四时春富贵，万物酒风流[1]。
澄澄水如蓝[2]，灼灼[3]花如绣。
花边停骏马，柳外缆轻舟[4]。
湖内画船交，湖上骅骝骤[5]。
鸟啼花影里，人立粉墙头。
春意两丝牵，秋水双波溜[6]。
香焚金鸭鼎[7]，闲傍小红楼。
月在柳梢头，人约黄昏后[8]。

【注释】

〔1〕“四时”二句：一年四季，只有春天的景象最为旖旎富丽；世间万物，唯有美酒最能助人逸兴。

〔2〕澄澄水如蓝：清澈的湖水如同蓼蓝的颜色。白居易《忆江南》词：“日出江花红胜火，春来江水绿如蓝。”蓝，蓼科植物，叶子可作燃料。

〔3〕灼灼（zhuó zhuó）：鲜明的样子。

〔4〕柳外：柳树旁、柳树下。缆：系住。

〔5〕骅骝：周穆王的八骏之一，常为骏马的代称。骤：（马）奔跑。

〔6〕秋水双波溜：形容明亮的双眼像含着一汪秋水似地流动。

〔7〕金鸭鼎：一种鎏金的鸭形熏炉。

〔8〕“月在”二句：这是沿用欧阳修《生查子·元夕》词：“月上柳梢头，人约黄昏后。”这两句描写的是初春元宵之夜青年男女约会的情景。

【赏析】

《白鹤子》是关汉卿散曲中的写景佳作。前四句描绘了一幅春意融融、清美幽香、旖旎富丽的春景图,美景配美酒,一切都令人心旷神怡。接下来四句是描绘繁花盛开的花丛中停留着骏马,杨柳依依,小舟轻系,湖中画船交织,这是一幅热闹异常的明媚春景图。再接下来四句用鸟啼花影烘托出一种绰约意境,描绘出两个相恋的人耐不住彼此相思,偷偷传递思念之情的情境。金鸭鼎里焚上了香,姑娘悠闲地倚在小楼旁。月儿挂在柳树枝头,二人约会在黄昏之后,表达出青春男女间的相思之情。散曲将春景与春情巧妙融合在一起,呈现出富有诗情画意的艺术画面。

王实甫

长亭送别

(夫人、长老上，云)今日送张生赴京，十里长亭，安排下筵席；我和长老先行，不见张生小姐来到。(旦、末、红同上)(旦云)今日送张生上朝取应，早是离人伤感，况值那暮秋天气，好烦恼人也呵！“悲欢聚散一杯酒，南北东西万里程。”

【正宫】【端正好】碧云天，黄花地，西风紧，北雁南飞。晓来谁染霜林醉？总是离人泪。

【滚绣球】恨相见得迟，怨归去得疾。柳丝长玉骢难系，恨不倩疏林挂住斜晖。马儿迍迍的行，车儿快快的随，却告了相思回避，破题儿又早别离。听得道一声去也，松了金钏；遥望见十里长亭，减了玉肌：此恨谁知？

(红云)姐姐今日怎么不打扮？(旦云)你那知我的心里呵！(旦唱)

【叨叨令】见安排着车儿、马儿，不由人熬熬煎煎的气；有甚么心情花儿、靥儿[1]，打扮得娇娇滴滴的媚；准备着被儿、枕儿，只索昏昏沉沉的睡；从今后衫儿、袖儿，都揾做重重叠叠的泪[2]。兀的不闷杀人也么哥？兀的不闷杀人也么哥？久已后书儿、信儿，索与我凄凄惶惶的寄。

(做到)(见夫人科)(夫人云)张生和长老坐，小姐这壁坐，红娘将酒来。张生，你向前来，是自家亲眷，不要回避。俺今日将莺莺与你，到京师休辱末了俺孩儿，挣揣一个状元回来者。（末云）小生托夫人余荫，凭着胸中之才，视官如拾芥耳。（洁云）夫人主见不差，张生不是落后的人。（把酒了，坐）（旦长吁科）

【脱布衫】下西风黄叶纷飞，染寒烟衰草萋迷。酒席上斜签着坐的，蹙愁眉死临侵地〔3〕。

【小梁州】我见他阁泪汪汪不敢垂，恐怕人知；猛然见了把头低，长吁气，推整素罗衣。

【幺篇】虽然久后成佳配，奈时间怎不悲啼。意似痴，心如醉，昨宵今日，清减了小腰围。

（夫人云）小姐把盏者！（红递酒，旦把盏长吁科云）请吃酒！

【上小楼】合欢未已，离愁相继。想着俺前暮私情，昨夜成亲，今日别离。我谂知这几日相思滋味〔4〕，却原来比别离情更增十倍。

【幺篇】年少呵轻远别，情薄呵易弃掷。全不想腿儿相挨，脸儿相偎，手儿相携。你与俺崔相国做女婿，妻荣夫贵，但得一个并头莲，煞强如状元及第。

【注释】

〔1〕靥（yè）：脸颊上的酒窝。

〔2〕揾（wèn）：按、拭。

〔3〕蹙（cù）：皱；收缩。

〔4〕谂（shěn）知：知道，详细了解。

【赏析】

王实甫，是元代杰出的戏曲作家，一说名德信，大都（今北京）人，生卒不详，生平事迹不详。他创作的杂剧今知有十四种，现存《西厢记》《丽春堂》《破窑记》（一说关汉卿作）三种。另存散曲数首。剧作大多以青年男女追求爱情幸福为题材。其作品风格秀美，细腻委婉，以《西厢记》尤为出色。

《西厢记》是一部以青年男女爱情为题材的戏曲名著。全剧叙写了书生张生与相国小姐崔莺莺在仕女红娘的帮助下，冲破孙飞虎、崔母、郑恒等人的重重阻挠，终成眷属的故事。本段节选自第四本《草桥店梦莺莺杂剧》第三折。全剧主题鲜明，反对不合理的封建婚姻制度的态度贯穿始终，尖锐辛辣地批判了封建门阀制度和礼教观念，热情地肯定和赞扬青年男女为追求纯洁美好的爱情所表现出来的坚决意志和勇敢斗争的精神。同时，该剧虽然也是以功成名就和有情人终成眷属作为团圆结局，但全剧展现出重爱情、轻功名的思想，显示出作者思想的进步性。

【越调】天净沙 春

春山暖日和风，阑干楼阁帘栊[1]，杨柳秋千院中。
啼莺舞燕，小桥流水飞红[2]。

【注释】

〔1〕阑干：即栏杆。帘栊（lóng）：窗户上的帘子。栊，窗户。

〔2〕飞红：指飞花。

【赏析】

白朴（1226—1306以后），字太素，一字仁甫，号兰谷。隩州（今山西河曲）人。父亲白华，在金朝任枢密院判官，也是文学家。白朴与关汉卿、马致远、郑光祖并称为元曲四大家。金亡后，他郁郁不乐，放浪形骸。中统初，史天泽有意推荐他在元朝做官，辞谢不就。元世祖统一全国后，他徙家金陵，和遗老们诗酒游乐，放情山水间。白朴自幼聪慧，记忆过人，精于度曲。其所作杂剧十六种，今存《墙头马上》《梧桐雨》《东墙记》。

原作共四首，分写春、夏、秋、冬四时景色。《春》是四首中的第一首，是作者寓居金陵时所作。这首写春景，通过选择早春时节富有特点的景物，描绘出一幅春风和煦、暖阳明媚、风物润泽的春景图。在写法上，作者重点采用的是白描的手法，由“春山”“暖日”“和风”三幅画面展开想象。具体来说，整个画面的背景，是远景，第二句是人物的立足点，是近景，第三句写庭院中喧闹的景象，展示了一幅充满生机、春意盎然的画面，是中景。最能够体现春天特征的两个形容词是“暖”和“啼莺”，而最能体现庭院中生机的景物是“舞燕”和“飞红”。这支曲中的人物应该是一位女子，她站在栏杆之旁，帘栊之下，窥探着春天的景致，她眼中的春天要更加细腻，更加秀美。

【中吕】阳春曲 题情（节选三首）

轻拈斑管书心事〔1〕。细摺折银笺写恨词〔2〕，可怜不惯害相思，则被你个肯字儿，迤逗我许多时〔3〕。

从来好事天生俭〔4〕，自古瓜儿苦后甜。奶娘催逼紧拘钳〔5〕，甚是严，越间阻越情忺〔6〕。

笑将红袖遮银烛〔7〕，不放才郎夜看书，相偎相抱取欢娱。止不过迭应举〔8〕，及第待何如〔9〕！

【注释】

〔1〕斑管：有斑纹的竹子做成的毛笔。

〔2〕银笺：洁白的信笺。恨词：抒写离愁别恨的话。

〔3〕迤（yí）逗：亦作砣（tuó）逗，引逗、引诱。

〔4〕好事：指男女间的爱情。俭：节省、贫乏，这里引申为受约束。

〔5〕奶娘：即亲娘。紧拘钳：紧紧地加以拘束钳制。

〔6〕间阻：从中阻拦。情忺（xiān）：情投意合。忺，高兴合意。

〔7〕红袖：红色的衣袖。银烛：雪亮的蜡烛。

〔8〕迭应举：屡次参加科举考试。

〔9〕及第：科举应试后中选。

【赏析】

《阳春曲·题情》是元代散曲作家白朴创作的一组散曲，这组散曲共六首，讴歌了一位纯情女子冲破封建礼教束缚大胆追求幸福爱情生活的真情，形象地表现了元代女性的婚姻观、价值观。整组曲子语言质朴活泼，风格热情奔放，与古代传统民歌一脉相承，为歌咏恋情的散曲精品。

"轻拈斑管书心事"为第一首,写的是相思之情。"从来好事天生俭"是第四首,表现少女反抗封建礼教追求自由美好爱情的强烈愿望,语言质直有力,颇有古代民歌小调色彩。"自古瓜儿苦后甜"说明任何好事都像瓜儿要先苦后甜一样,好事多磨。"奶娘催逼紧拘钳,甚是严,越间阻越情忺。"古代少女居于深闺,从小就被家长严加看管,但是人的自然天性、对美好爱情的向往与追求,却关锁不住。最后少女的态度表达得极为分明,口吻犀利,生动地刻画出一个冲破封建罗网的女子形象。

【越调】天净沙　秋

孤村落日残霞，轻烟老树寒鸦。一点飞鸿影下[1]。青山绿水，白草红叶黄花。

【注释】

〔1〕飞鸿：天空中的鸿雁。

【赏析】

《天净沙》共四首，这是第三首，主要写秋景。是作者寓居金陵（今南京）时所作，具体创作年代不详。这首小令，篇幅虽短，却以神来之笔描绘出了一幅绝妙的秋景图。

白朴这首小令《天净沙·秋》与马致远的《天净沙·秋思》，无论写法还是构成的意境都有异曲同工之妙。此曲题目虽为“秋”，并且写尽秋意，却找不着一个“秋”字。此曲开篇先绘出了一幅秋日黄昏图，营造出一种宁静、寂寥的氛围，再以名词并列组合的形式，选取典型的秋天景物，由远及近，描绘出一幅色彩绚丽的秋景图。至此，读者眼前的秋景也由先前的萧瑟、寂寥变为明朗、清丽了。此曲仅二十八字，但语言简练优美，意义深刻，表达了作者积极向上、乐观开朗的处世态度。

写秋景，自然难免要烘托出萧瑟的气氛，但是如果全以萧瑟气氛为全篇的写作大旨，又会令读者感受到沉闷而有压力。为了避免出现这种情况，白朴在选用语辞时，颇费心神。前二句的“孤村落日残霞，轻烟老树寒鸦”，共用了六个图景：“孤村”“落日”“残霞”“轻烟”“老树”“寒鸦”，而其中任何一个图景，都代表着秋日秋景的萧瑟气氛。为了使这种萧瑟气氛活泼起来，于是作者接下来选用了“一点飞鸿影下”作为上半段的结语。如此一来，画面风格转换，原本寂寞的秋景带上了一抹鲜活的生气。最后为了加强作者心目中秋景是美丽而有韵味的形象,因此再以“青山绿水,白草红叶黄花”作为曲文的结束语。这两句用了“青”“绿”“白”“红”“黄”五种颜色,而且“白草红叶黄花”这三种颜色交杂在“青山绿水”这两种颜色之中;“青山绿水”是宏观的图景,“白草红叶黄花”是微观的图景,相应交错,使原本是寂寥的秋景,突然变得五颜六色而绚烂多姿。

【越调】天净沙 秋思

枯藤老树昏鸦[1]，小桥流水人家，
古道西风瘦马[2]。
夕阳西下，断肠人在天涯。

【注释】

〔1〕昏鸦：黄昏归巢的乌鸦。 〔2〕古道：古老的驿道。

【赏析】

马致远，元代杂剧家、散曲家。号东篱，大都(今北京)人。与关汉卿、白朴、郑光祖同称“元曲四大家”。元贞、大德是元代戏曲创作最鼎盛时期，马致远当时被推为“曲状元”。他自说“九重天，二十年，龙楼凤阁都曾见”，大概就是那个时期的生活写照。以后他曾任江浙行省务官，晚年隐退。所作杂剧今知有十五种，现存《汉宫秋》《青衫泪》《荐福碑》等七种。作品多写神仙道化，有“马神仙”之称。曲词豪放洒脱。其散曲成就尤为世所称，有辑本《东篱乐府》，存小令104首，套数17套。

《天净沙·秋思》是马致远创作的一首小令。此曲以多种景物并置，组合成一幅秋郊夕照图，让天涯游子骑一匹瘦马，出现在一派凄凉的背景上，从中透出令人哀愁的情调。全曲无一个“秋”字，却抒发了一个飘零天涯的游子在秋天思念故乡、倦于漂泊的凄苦愁楚之情。全曲仅五句二十八字，语言极为凝练却容量巨大，意蕴深远，结构精巧，顿挫有致。在景物的选择上，他为了突出与强化凄惨凉悲苦的情感，选取了最能体现秋季凄凉萧条景色，最能表现羁旅行人孤苦惆怅情怀的十个意象入曲，将自己的情感浓缩于这十个意象之中，最后才以点睛之笔揭示全曲主题。有人称马致远此曲为“并列式意象组合”，其实并列之中依然体现出一定的顺序。全曲十个意象，前九个自然地分为三组。藤缠树，树上、落鸦，第一组是由下及上的排列；桥、桥下水、水边住家，第二组是由近由远的排列；古驿道、道上西风、瘦马，第三组是从远方而到眼前的排列，中间略有变化。由于中间插入“西风”写触感，变换了描写角度，因而增加了意象的跳跃感，但这种跳跃仍是局部的，不超出秋景的范围。最后一个意象“夕阳西下”，是全曲的大背景，它将前九个意象全部统摄起来，造成一时多空的场面。由于它本身也是放远目光的产物，因此作品在整体上也表现出由近及远的空间排列顺序。从老树到流水，到古道，再到夕阳，作者的视野层层扩大，步步拓开。这也是意象有序性的表现之一。

【双调】夜行船 百岁光阴

【夜行船】百岁光阴一梦蝶，重回首往事堪嗟。今日春来，明朝花谢。急罚盏夜阑灯灭[1]。

【乔木查】想秦宫汉阙，都做了蓑草牛羊野。不恁么渔樵没话说[2]。纵荒坟横断碑，不辨龙蛇。

【庆宣和】投至狐踪与兔穴[3]，多少豪杰！鼎足虽坚半腰里折，魏耶？晋耶？

【落梅风】天教你富，莫太奢，没多时好天良夜。富家儿更做道你心似铁，争辜负了锦堂风月[4]。

【风入松】眼前红日又西斜，疾似下坡车。不争镜里添白雪[5]，上床与鞋履相别。休笑鸠巢计拙[6]，葫芦提一向装呆[7]。

【拨不断】名利竭，是非绝。红尘不向门前惹，绿树偏宜屋角遮，青山正补墙头缺，更那堪竹篱茅舍。

【离亭宴煞】蛩吟罢一觉才宁贴[8]，鸡鸣时万事无休歇，何年是彻[9]？看密匝匝蚁排兵，乱纷纷蜂酿蜜，急攘攘蝇争血。裴公绿野堂[10]，陶令白莲社[11]。爱秋来时那些：和露摘黄花，带霜烹紫蟹，煮酒烧红叶。想人生有限杯，浑几个重阳节？人问我顽童记者，便北海探吾来[12],道东篱醉了也[13]!

【注释】

〔1〕"急罚盏"句:赶快行令罚酒,直到夜深灯熄。夜阑,夜深,夜尽。

〔2〕恁(nèn):如此,这般。

〔3〕投至:及至,等到。

〔4〕锦堂风月:富贵人家的美好生活。

〔5〕添白雪:添白发。

〔6〕鸠巢计拙:相传斑鸠性拙,不会营巢,借喜鹊的巢来产蛋,指不善于经营生计。

〔7〕葫芦提:糊糊涂涂。

〔8〕蛩(qióng)吟:蟋蟀叫。蛩,蟋蟀。宁贴:平静,安适。

〔9〕彻:了结,到头。

〔10〕裴公:唐代的裴度。他历事德宗、宪宗、穆宗、敬宗、文宗五朝,以一身系天下安危者二十年,眼见宦官当权,国事日非,便在洛阳修了别墅"绿野堂",和白居易、刘禹锡在那里饮酒赋诗。

〔11〕陶令:东晋的陶潜。因为他曾经做过彭泽令,所以被称为陶令。相传他曾经参加慧远法师在庐山虎溪东林寺组织的白莲社。

〔12〕北海:东汉的孔融。他曾出任过北海太守,所以后世称为孔北海。他曾说:"座上客常满,樽中酒不空,平生愿足。"

〔13〕东篱:指马致远自己。他慕陶潜的隐逸生活,因陶潜《饮酒》诗有"采菊东篱下,悠然见南山"之句,乃自号为"东篱"。

【赏析】

在王季思先生的《元散曲选注》(北京出版社1985年版)中,此曲题作《夜行船·秋思》,"秋思"本身便凝聚着思索自然之秋和人生之秋的丰富内涵。这套曲子由七支曲子组成,风格豪放,语言爽朗流畅,曲折有致,充分利用元曲语言明快、句式节奏自由的特点,整套曲题为秋思而不见秋,读之处处又见秋,叹人生似秋凉。作者将参透名利、离绝是非的处世哲学寄托在叹古讽今、嘲风弄月的牢骚里,表现了诗人因半世蹉跎只能纵酒肆志、消极厌世的人生态度,构成了作品的豪放风格,也反映了元代文人愤世嫉俗的共同心声。

【中吕】山坡羊　潼关怀古[1]

峰峦如聚[2]，波涛如怒[3]，山河表里潼关路[4]。望西都[5]，意踟蹰[6]。

伤心秦汉经行处[7]，宫阙万间都做了土[8]。兴，百姓苦；亡，百姓苦。

【注释】

〔1〕潼关：古关口名，在今陕西省潼关县，关城建在华山山腰，下临黄河，扼秦、晋、豫三省要冲，非常险要，为古代入陕门户，是历代的军事重地。

〔2〕峰峦如聚：形容群峰攒集，层峦叠嶂。聚：聚拢、包围。

〔3〕波涛如怒：形容黄河波涛的汹涌澎湃。怒：指波涛汹涌。

〔4〕山河表里：即表里山河，形容潼关一带地势险要。

〔5〕西都：指长安（今陕西西安）。东汉建都洛阳，因此称洛阳为东都，长安为西都。

〔6〕踟蹰：犹豫、徘徊不定，心事重重，此处形容思潮起伏，感慨万端陷入沉思，表示心里不平静。

〔7〕伤心：令人伤心的事，形容词作动词。秦汉经行处：秦朝都城咸阳和西汉都城长安都在陕西省境内潼关的西面。经行处，经过的地方，指秦汉故都遗址。

〔8〕宫阙：宫，宫殿；阙，皇宫门前面两边的楼观。

【赏析】

张养浩（1270—1329），字希孟，号云庄，又称齐东野人，济南（今山东省济南市）人，元代著名政治家、文学家。

张养浩是元代重要的政治、文化人物，一生经历了世祖、成宗、武宗等数朝，他直言善谏，不怕得罪当权者，其个人品行、政事文章皆为当代及后世称扬，是元代名臣之一。诗文自成一家，与元明善、曹元用齐名，号为“三俊”。张养浩著有散曲集《云庄休居自适小乐府》，是元代有别集流传的少数散曲作家之一。集中的作品，多写于晚年归隐之后，例如本篇散曲《山坡羊·潼关怀古》，是元散曲中思想性、艺术性完美结合的名作。

在他的散曲集中，以“山坡羊”曲牌写下的怀古之作有七题九首，其中尤以《潼关怀古》韵味最为沉郁，色彩最为浓重。作者把潼关形势的险要和封建统治阶级的罪恶紧密结合起来，通过“宫阙万间”的化为焦土，发出了不管封建王朝的兴或亡，都会给百姓带来痛苦的感慨。

【双调】折桂令 席上偶谈蜀汉事因赋短柱体〔1〕

銮舆三顾茅庐〔2〕。汉祚难扶〔3〕，日暮桑榆〔4〕。
深渡南泸〔5〕，长驱西蜀，力拒东吴。
美乎周瑜妙术，悲夫关羽云殂〔6〕。
天数盈虚〔7〕，造物乘除〔8〕。
问汝何如？早赋归欤。

【注释】

〔1〕短柱体：元曲体式的一种。每句必须押两韵或两韵以上，两字或数字一韵。

〔2〕舆（yú）：代指皇帝，此处指刘备。

〔3〕祚（zuò）：指蜀汉国运。

〔4〕日暮桑榆：夕阳的余晖照在桑榆树梢上，故以桑榆指人的晚年。此处是指汉朝国势已颓，气数已尽。

〔5〕渡南泸：指诸葛亮晚年帅军南征，平定南中诸郡叛乱之事。

〔6〕殂（cú）：死亡。

〔7〕虚：满与空。

〔8〕造物乘除：造物，古人指神主宰的大自然；乘除，指此消彼长的变化。

【赏析】

虞集（1272—1348），字伯生，号道园，世称邵庵先生，祖籍仁寿（今属四川），迁崇仁（今属江西），元代著名文学家、诗人。大德间以荐授大都路儒学教授，官至翰林直学士兼国子祭酒，奎章阁侍书学士。虞集素负文名，诗与揭傒斯、范椁、杨载齐名，人称“元诗四大家”。描写江南春景的名句“杏花春雨江南”就出自他的手笔。代表作品有《道园学古录》等。

此曲由席上偶谈三国蜀汉事引发。虞集一次在童家宴集时，有歌儿顺时秀唱一支《折桂令》："博山铜细袅香风……"一句两韵，名为"短柱"。虞集颇喜，就以席上偶谈及蜀汉史迹为主题，即席赋成这支"短柱体"曲子。

此曲为怀古咏史曲，以高度概括的艺术手法，形象地描绘了三国时代群雄逐鹿、叱咤风云的局面，赞颂了诸葛亮、周瑜等历史人物的丰功伟绩。

【黄钟】人月圆 山中书事

兴亡千古繁华梦，诗眼倦天涯〔1〕。
孔林乔木〔2〕，吴宫蔓草〔3〕，楚庙寒鸦〔4〕。
数间茅舍，藏书万卷，投老村家〔5〕。
山中何事？松花酿酒〔6〕，春水煎茶。

【注释】

〔1〕诗眼：诗人的观察力。
〔2〕孔林：孔子及其后裔的墓地，在今山东曲阜。
〔3〕吴宫：吴王夫差为西施扩建的宫殿，名馆娃宫，后被越国焚烧，故址在苏州灵岩山上，也可指三国东吴建业（今南京）故宫。
〔4〕楚庙：楚国的宗庙。
〔5〕投老：到老，临老。
〔6〕松花：松木花，可以酿酒。

【赏析】

张可久（约1280—1349后），字可久，号小山，庆元（今浙江宁波）人。以路吏转首领官。他虽是元代重要散曲作家，但一生沉抑下僚，仕途失意，生平事迹隐而不显。曾游历湘、赣、闽、皖、苏、浙各地，晚年居杭州。他专力散曲创作，现存作品有小令855首，套数九套，为元代散曲作家中，传下来的作品最多者，今存有《张小山小令》《小山乐府》。他的作品或咏自然风光，或写颓放生活，亦有应酬和怀古之作，作品风格典雅清丽。

这首小令应是作者居于西湖山下时所作。通过对历史兴衰的感慨，表现了作者厌倦官场、勘破世情的人生感悟，归隐山中、寄情诗酒的恬淡情怀。起首的“兴亡”两句气象宏大，分别从时间和空间两个角度抒发了作者的人生体悟：千百年来，一切朝代的兴衰成败不过是一场幻梦罢了，终将逝去。其中“孔林”三句是对起首两句的进一步解释：即使像孔子那样的千古圣贤、吴王那样的英雄豪杰、楚庙那样的江山社稷，也终将随风而逝，变成枯木蔓草、寒鸦点点而已。自“数间”开始，作者反观自身，写其读书作诗、饮酒煎茶、清净淡雅的山中隐居生活，足慰晚年。

希　　望

我的心分外地寂寞。

然而我的心很平安：没有爱憎，没有哀乐，也没有颜色和声音。

我大概老了。我的头发已经苍白，不是很明白的事么？我的手颤抖着，不是很明白的事么？那么我的魂灵的手一定也颤抖着，头发也一定苍白了。

然而这是许多年前的事了。

这以前，我的心也曾充满过血腥的歌声：血和铁，火焰和毒，恢复和报仇。而忽而这些都空虚了，但有时故意地填以没奈何的自欺的希望。希望，希望，用这希望的盾，抗拒那空虚中的暗夜的袭来，虽然盾后面也依然是空虚中的暗夜。然而就是如此，陆续地耗尽了我的青春。

我早先岂不知我的青春已经逝去了？但以为身外的青春固在：星，月光，僵坠的蝴蝶，暗中的花，猫头鹰的不祥之言，杜鹃的啼血，笑的渺茫，爱的翔舞……。虽然是悲凉漂渺的青春罢，然而究竟是青春。

然而现在何以如此寂寞？难道连身外的青春也都逝去，世上的青年也多衰老了么？

我只得由我来肉薄这空虚中的暗夜了。我放下了希望之盾，我听到 Petöfi Sándor(1823—1849)的“希望”之歌：

希望是甚么？是娼妓：

她对谁都蛊惑，将一切都献给；

待你牺牲了极多的宝贝——

你的青春——她就弃掉你。

这伟大的抒情诗人，匈牙利的爱国者，为了祖国而死在可萨克兵的矛尖上，已经七十五年了。悲哉死也，然而更可悲的是他的诗至今没有死。

但是，可惨的人生！桀骜英勇如 Petöfi，也终于对了暗夜止步，回顾着茫茫的东方了。他说：

绝望之为虚妄，正与希望相同。

【赏析】

鲁迅(1881—1936)，原名周树人，浙江绍兴人，文学家、思想家、民主战士、五四新文化运动的重要参与者、中国现代文学的奠基人。其代表作品有《呐喊》《彷徨》《朝花夕拾》《狂人日记》《野草》等。“鲁迅”一名源自其1918年发表《狂人日记》时所用笔名，也是其影响最为广泛的笔名。毛泽东曾评价：“鲁迅的方向，就是中华民族新文化的方向。”

此文写于1925年1月1日，是鲁迅面临新年的抒怀之作。鲁迅在《野草》英文译本序中说：“因为惊异于青年的消沉，作《希望》。”这便是希望的立意。文中最后一句：“绝望之为虚妄，正与希望相同！”这是全文的结语，把握这两点，有助于我们更好地理解这篇散文诗的深刻内涵。本文以直抒胸臆为基本笔法，结合运用象征隐喻，生动地呈现了作者错综复杂的心情、感受和思想矛盾。在本文中，作者通过自己内心深处深感寂寞而又努力打破寂寞，看到绝望又坚决否定绝望，感到希望渺茫而又确信希望存在的探索，鼓励青年摆脱消沉，奋起抗争。这是一首充满“希望”的希望之歌。

鲁迅

风　筝

北京的冬季,地上还有积雪,灰黑色的秃树枝丫叉于晴朗的天空中,而远处有一二风筝浮动,在我是一种惊异和悲哀。

故乡的风筝时节,是春二月,倘听到沙沙的风轮声,仰头便能看见一个淡墨色的蟹风筝或嫩蓝色的蜈蚣风筝。

…………

但我是向来不爱放风筝的,不但不爱,并且嫌恶他,因为我以为这是没出息孩子所做的玩艺。和我相反的是我的小兄弟,他那时大概十岁内外罢,多病,瘦得不堪,然而最喜欢风筝,自己买不起,我又不许放,他只得张着小嘴,呆看着空中出神,有时至于小半日。远处的蟹风筝突然落下来了,他惊呼;两个瓦片风筝的缠绕解开了,他高兴得跳跃。他的这些,在我看来都是笑柄,可鄙的。

有一天,我忽然想起,似乎多日不很看见他了,但记得曾见他在后园拾枯竹。

……

他向着大方凳,坐在小凳上;便很惊惶地站了起来,失了色瑟缩着。大方凳旁靠着一个胡蝶风筝的竹骨,还没有糊上纸,凳上是一对做眼睛用的小风轮,正用红纸条装饰着,将要完工了。我在破获秘密的满足中,又很愤怒他的瞒了我的眼睛,这样苦心孤诣地来偷做没出息孩子的玩艺。我即刻伸手抓断了胡蝶的一支翅骨,又将风轮掷在地下,踏扁了。论长幼,论力气,他是都敌不过我的,我当然得到完全的胜利,于是傲然走出,留他绝望地站在小屋里。后来他怎样，我不知道，也没有留心。

然而我的惩罚终于轮到了，在我们离别得很久之后，我已经是中年。我不幸偶而看了一本外国的讲论儿童的书，才知道游戏是儿童最正当的行为，玩具是儿童的天使。于是二十年来毫不忆及的幼小时候对于精神的虐杀的这一幕，忽地在眼前展开，而我的心也仿佛同时变了铅块，很重很重的堕下去了。

我也知道补过的方法的：送他风筝，赞成他放，劝他放，我和他一同放。我们嚷着，跑着，笑着。——然而他其时已经和我一样，早已有了胡子了。

…………

现在，故乡的春天又在这异地的空中了，既给我久经逝去的儿时的回忆，而一并也带着无可把握的悲哀。我倒不如躲到肃杀的严冬中去罢，——但是，四面又明明是严冬，正给我非常的寒威和冷气。

【赏析】

本文是作者于1925年写的一篇回忆性散文。作者首先从北京冬季天空中的风筝联想到故乡早春二月时节的放风筝开始描写，流露出淡淡的乡愁。然后自然地从风筝想到儿时往事，对自己作为兄长对弟弟儿童天性的扼杀行为充满了内疚和自责。更令作者痛苦的是他已无法得到宽恕，因为弟弟对这件往事已漠然淡忘，此处照应了文章一开头作者见到风筝时“惊异和悲哀”的情绪。作者从弟弟的“全然忘却”中映射中国老百姓对封建道德奴役、家长式的专制制度的不觉醒，点出作者心情沉重的内在原因。

不要抛弃学问

诸位毕业同学：你们现在要离开母校了，我没有什么礼物送给你们，只好送你们一句话罢。

这一句话是："不要抛弃学问。"以前的功课也许有一大部分是为了这张毕业文凭，不得已而做的，从今以后，你们可以依自己的心愿去自由研究了。趁现在年富力强的时候，努力做一种专门学问。少年是一去不复返的，等到精力衰时，要做学问也来不及了。即为吃饭计，学问决不会辜负人的。吃饭而不求学问，三年五年之后，你们都要被后进少年淘汰掉的。到那时候再想做点学问来补救，恐怕已太晚了。

有人说："出去做事之后，生活问题急须解决，哪有工夫去读书？即使要做学问，既没有图书馆，又没有实验室，哪能做学问？"

我要对你们说：凡是要等到有了图书馆方才读书的，有了图书馆也不肯读书。凡是要等到有了实验室方才做研究的，有了实验室也不肯做研究。你有了决心要研究一个问题，自然会撙衣节食去买书，自然会想出法子来设置仪器。

至于时间，更不成问题。达尔文一生多病，不能多作工，每天只能做一点钟的工作。你们看他的成绩！每天花一点钟看十页有用的书，每年可看三千六百多页书；三十年可读十一万页书。

诸位，十一万页书可以使你成为一个学者了。可是，每天看三种小报也得费你一点钟的工夫；四圈麻将也得费你一点半钟的光阴。看小报呢？还是打麻将呢？还是努力做一个学者呢？

全靠你们自己的选择！

易卜生说："你的最大责任是把你这块材料铸造成器。"

学问便是铸器的工具。抛弃了学问便是毁了你们自己。

再会了！你们的母校眼睁睁地要看你们十年之后成什么器。

十八，六，廿五

【赏析】

胡适(1891—1962)，汉族，安徽绩溪人。原名嗣穈，昵称穈儿，学名洪骍，字希疆，后改名胡适，字适之，笔名天风、藏晖等。现代著名学者、诗人、历史学家、文学家、哲学家。1906年，考取中国公学。1908年，入中国新公学，兼任英文教员。1910年，留学美国，入康奈尔大学选读农科。1915年，入哥伦比亚大学哲学系，师从约翰·杜威。1927年，正式取得哥伦比亚大学哲学博士学位。因提倡文学改良而成为新文化运动的领袖之一。

本文是胡适1928—1930年在上海任中国公学校长时为毕业生所作的赠言，至今仍具有积极意义与价值。作为一位学贯中西、知识渊博的学者，胡适的赠言中并没有板起面孔教条式说教，谈话内容没有给人艰深晦涩之感，反而以朴实无华的语调谆谆告诫毕业生，走出校门之后不要抛弃学问。语言通俗易懂，如同朋友间娓娓谈心一样亲切自然，充分体现出胡适宽容平和的性格与气质。

说北平（节选）

穿高跟鞋的摩登女郎与着木屐的东北老妪并肩而行，北平却不理这回事。胡须苍白的画家，住在大学生公寓的对面，北平也不理这回事。新式汽车与洋车、驴车媲美，北平也不理这回事。

在高耸的北京饭店后面，一条小路上的人过着一千年来未变的生活，谁去理那回事？离协和医院一箭之地，有些旧式的古玩铺，古玩商人抽着水烟袋，仍然沿用旧法去营业，谁去理那回事？穿衣尽可随便，吃饭任择餐馆，随意乐其所好，畅情欣赏美善——谁来理你？

北平又像是一株古木老树，根脉深入地中，藉之得畅茂。在他的树阴下与枝躯上寄生的，有数百万的昆虫。这些昆虫如何能知道树的大小，如何生长根，在地下有多少深，还有在别枝上寄生的是什么昆虫？一个北平居民如何能形容老大的北平呢？

一个人总觉得他不了解北平。在那里已经住了十年以后，你偶然会在小路上发现一个驼背的老人，后悔没有早日遇见他；或是一个可爱的老画家，露着大肚皮坐在槐树下的竹椅上用芭蕉扇摇风乘凉梦想他过去的日子；或是一个踢毽子的老人，他能把毽子放在头顶上一点一点的移动着，然后由背后掉下来时，平落在他的鞋底；或是一个刀手；或是一个儿童戏剧学校的太太；或是一个人力车夫变成“满洲国”的高贵人；或是一个前朝的县太爷。一个人怎敢说他了解北平呢？

北平是一个“珠玉之城”，一个人眼从未见过的珠玉之城。它是具有紫金的御色屋顶，以及宫殿亭园楼榭的珠玉之城。它为珠玉结成的古城；它有紫色的“西山”，青带似的“玉泉”，“中央公园”垂老的杉树，以及“天坛”“先农坛”。城内有九个公园，三个御湖，名为中南北“三海”，现在任人游览。并且北平有蓝天洁月，雨夏凉秋，与高爽的冬日气候。

北平像是一个国王的梦境，它有宫殿、御园、百尺宽的大道、艺术博物院、专校、大学、医院、庙塔、艺商、与旧书摊林立的街道。北平像是一个饮食专家的乐园。它有数百年的饭馆，招牌被烟熏得破旧不堪，还有肩上搭着手巾的光头堂倌，他们的招待是十足和蔼的，因为他们在满清政府服侍过高官大吏，曾受了传统的特别训练。北平是贫富共居的地方，每个邻近的铺号都许一个贫老的人记账取货，街上贩卖的东西很便宜。你可以留连在那里的一个茶馆里，一整个下午不走。北平是采购者的天堂，广有中国古代的手艺品、书籍、图画、古玩、玉石、珐琅镶嵌、灯笼之类。那是一个到处能买货的地方，商贩也会带着货物走上门来；在清晨，门外路上货贩众多，叫卖声形成极美妙的调门儿。

…………

【赏析】

林语堂(1895—1976)，福建龙溪(今漳州)人，原名和乐，后改玉堂，又改语堂。作家、学者、翻译家、语言学家、新道家代表人物。早年留学美国、德国，获哈佛大学文学硕士，莱比锡大学语言学博士。回国后在清华大学、北京大学、厦门大学任教。1945 年赴新加坡筹建南洋大学，任校长。曾任联合国教科文组织美术与文学主任、国际笔会副会长等职。其代表作品有《京华烟云》《啼笑皆非》《人生的盛宴》《生活的艺术》等，译著有《东坡诗文选》《浮生六记》等。林语堂于 1940 年及 1950 年先后两度获得诺贝尔文学奖提名。

在本文中，作者向我们展现了一个近乎完整、包容博大的北平。在文中，作者用从容优雅的笔调向我们展示了一个不带任何褒贬色彩、还原本真的北平，既有包新纳旧，又有兼中容西。作者带着一种兼容、平和的心态，抒发了自己对闲适生活的追求。

茅盾

白杨礼赞

白杨树实在是不平凡的,我赞美白杨树!

当汽车在望不到边际的高原上奔驰,扑入你的视野的,是黄绿错综的一条大毡子;黄的,那是土,未开垦的处女土,几十万年前由伟大的自然力所堆积成功的黄土高原的外壳;绿的呢,是人类劳力战胜自然的成果,是麦田,和风吹送,翻起了一轮一轮的绿波——这时你会真心佩服昔人所造的两个字"麦浪",若不是妙手偶得,便确是经过锤炼的语言的精华。黄与绿主宰着,无边无垠,坦荡如砥,这时如果不是宛若并肩的远山的连峰提醒了你(这些山峰凭你的肉眼来判断,就知道是在你脚底下的),你会忘记了汽车是在高原上行驶,这时你涌起来的感想也许是"雄壮",也许是"伟大",诸如此类的形容词,然而同时你的眼睛也许觉得有点倦怠,你对当前的"雄壮"或"伟大"闭了眼,而另一种味儿在你的心头潜滋暗长了——"单调"! 可不是,单调,有一点儿罢?

然而刹那间,要是你猛抬眼看见了前面远远地有一排,——不,或者甚至只是三五株,一二株,傲然地耸立,像哨兵似的树木的话,那你的恹恹欲睡的情绪又将如何? 我那时是惊奇地叫了一声的!

…………

那是力争上游的一种树,笔直的干,笔直的枝。它的干呢,通常是丈把高,像是加以人工似的,一丈以内,绝无旁枝;它所有的丫枝呢,一律向上,而且紧紧靠拢,也像是加以人工似的,成为一束,绝无横斜逸出;它的宽大的叶子也是片片向上,几乎没有斜生的，更不用说倒垂了；它的皮，光滑而有银色的晕圈，微微泛出淡青色。这是虽在北方的风雪的压迫下却保持着倔强挺立的一种树！哪怕只有碗来粗细罢，它却努力向上发展，高到丈许，二丈，参天耸立，不折不挠，对抗着西北风。

…………

它没有婆娑的姿态，没有屈曲盘旋的虬枝，也许你要说它不美丽，——如果美是专指“婆娑”或“横斜逸出”之类而言，那么白杨树算不得树中的好女子；但是它却是伟岸，正直，朴质，严肃，也不缺乏温和，更不用提它的坚强不屈与挺拔，它是树中的伟丈夫！当你在积雪初融的高原上走过，看见平坦的大地上傲然挺立这么一株或一排白杨树，难道你觉得树只是树，难道你就不想到它的朴质，严肃，坚强不屈，至少也象征了北方的农民；难道你竟一点也不联想到，在敌后的广大土地上，到处有坚强不屈，就像这白杨树一样傲然挺立的守卫他们家乡的哨兵！难道你又不更远一点想到这样枝枝叶叶靠紧团结，力求上进的白杨树，宛然象征了今天在华北平原纵横决荡用血写出新中国历史的那种精神和意志。

白杨不是平凡的树。它是西北极普遍，不被人重视，就跟北方农民相似；它有极强的生命力，磨折不了，压迫不倒，也跟北方的农民相似。……尤其象征了今天我们民族解放斗争中所不可缺的朴质，坚强，以及力求上进的精神。

【赏析】

茅盾(1896—1981)，浙江桐乡人，原名沈德鸿，字雁冰，笔名茅盾、郎损、玄珠、方璧、止敬、蒲牢、微明、沈仲方、沈明甫等。现代著名小说家、文学评论家、文化活动家、社会活动家，五四新文化运动先驱者之一，我国革命文艺奠基人之一。1913 年，考入北京大学预科第一类。预科毕业后，入商务印书馆编译所工作。主要作品有长篇小说《子夜》，中篇小说《蚀》(三部曲),短篇小说《春蚕》《林家铺子》等。

这篇散文以赞美白杨树的不平凡为抒情线索,采用象征手法,通过对白杨树不平凡的形象的赞美,歌颂了北方军民团结抗战、奋发向上的精神品质,进而歌颂了整个中华民族的精神品质。文章立意高远,形象鲜明,结构谨严,语言凝练。

春

盼望着，盼望着，春风来了，春天的脚步近了。

一切都像刚睡醒的样子，欣欣然张开了眼。山朗润起来了，水涨起来了，太阳的脸红起来了。

小草偷偷地从土里钻出来，嫩嫩的，绿绿的。园子里，田野里，瞧去，一大片一大片满是的。坐着，躺着，打两个滚，踢几脚球，赛几趟跑，捉几回迷藏。风轻悄悄的，草软绵绵的。

桃树、杏树、梨树，你不让我，我不让你，都开满了花赶趟儿。红的像火，粉的像霞，白的像雪。花里带着甜味儿；闭了眼，树上仿佛已经满是桃儿、杏儿、梨儿！花下成千成百的蜜蜂嗡嗡地闹着，大小的蝴蝶飞来飞去。野花遍地是：杂样儿，有名字的，没名字的，散在草丛里，像眼睛，像星星，还眨呀眨的。

"吹面不寒杨柳风"，不错的，像母亲的手抚摸着你。风里带来些新翻的泥土的气息，混着青草味，还有各种花的香，都在微微润湿的空气里酝酿。鸟儿将巢安在繁花嫩叶当中，高兴起来了，呼朋引伴地卖弄清脆的喉咙，唱出宛转的曲子，跟轻风流水应和着。牛背上牧童的短笛，这时候也成天嘹亮地响着。

雨是最寻常的，一下就是三两天。可别恼，看，像牛毛、像花针、像细丝，密密地斜织着，人家屋顶上全笼着一层薄烟。树叶却绿得发亮，小草儿也青得逼你的眼。傍晚时候，上灯了，一点点黄晕的光，烘托出一片安静而和平的夜。乡下去，小路上，石桥边，有撑起伞慢慢走着的人；还有地里工作的农民，披着蓑，戴着笠。他们的草屋，稀稀疏疏的在雨里静默着。

天上风筝渐渐多了，地上孩子也多了。城里乡下，家家户户，老老小小，他们也赶趟儿似的，一个个都出来了。舒活舒活筋骨，抖擞抖擞精神，各做各的一份事去。“一年之计在于春”；刚起头儿，有的是工夫，有的是希望。

春天像刚落地的娃娃，从头到脚都是新的，它生长着。

春天像小姑娘，花枝招展的，笑着，走着。

春天像健壮的青年，有铁一般的胳膊和腰脚，领着我们上前去。

【赏析】

朱自清(1898—1948)，原名自华，字佩弦，号秋实。生于江苏省东海县，因祖父、父亲都定居扬州，故又自称扬州人。毕业于北京大学，文学研究会的早期成员，是著名的诗人、散文作家、学者、民主战士。《春》《背影》《匆匆》《荷塘月色》《桨声灯影里的秦淮河》均是其散文名篇。1948 年 8 月 12 日因严重胃病病逝。

《春》是朱自清散文名篇，最初发表于 1933 年 7 月。整篇散文形散而神聚，由盼春归、绘春景、赞春美三部分构成，既饱含着作者对生机勃勃的春天的热情讴歌，也是其心灵世界的生动写照。作者笔下的“春景图”是作家在大自然的启迪和感召下，由其心灵酿造出来的一幅艺术图画。作者将健康高尚的审美情趣，对美好事物的无限热爱，和对人生理想的不懈追求熔铸到明快清新的语言中去，从而使整篇散文洋溢着浓浓的诗情画意，产生了经久不衰的艺术魅力。这也正是作者澄澈明净的心灵、昂奋向上的精神写照。

方志敏

清　贫(节选)

就在我被俘的那一天——一个最不幸的日子,有两个国方[1]兵士,在树林中发现了我,而且猜到我是什么人的时候,他们满肚子热望在我身上搜出一千或八百大洋,或者搜出一些金镯金戒指一类的东西,发个意外之财。哪知道从我上身摸到下身,从袄领捏到袜底,除了一只时表[2]和一枝自来水笔之外,一个铜板都没有搜出。他们于是激怒起来了,猜疑我是把钱藏在哪里,不肯拿出来。他们之中有一个,左手拿着一个木柄榴弹,右手拉出榴弹中的引线,双脚拉开一步,作出要抛掷的姿势,用凶恶的眼光盯住我,威吓地吼道:

"赶快将钱拿出来,不然就是一炸弹,把你炸死去!"

"哼!你不要作出那难看的样子来吧!我确实一个铜板都没有存;想从我这里发洋财,是想错了。"我微笑淡淡地说。

"你骗谁!像你当大官的人会没有钱!"拿榴弹的兵士坚不相信。

"决不会没有钱的,一定是藏在哪里,我是老出门的,骗不得我。"另一个兵士一面说,一面弓着背重来一次将我的衣角裤裆过细地捏,总企望着有新的发现。

"你们要相信我的话,不要瞎忙吧!我不比你们国民党当官的,个个都有钱,我今天确实是一个铜板也没有,我们革命不是为着发财啦!"我再向他们解释。

等他们确知在我身上搜不出什么的时候,也就停手不搜了;又在我藏躲地方的周围,低头注目搜寻了一番,也毫无所得,他们是多么的失望呵！那个持弹欲放的兵士，也将拉着的引线，仍旧塞进榴弹的木柄里，转过来来抢夺我的表和水笔。后彼此说定表和笔卖出钱来平分，才算无话。他们用怀疑而又惊异的目光，对我自上而下的望了几遍，就同声命令地说：“走吧！”

是不是还要问问我家里有没有一些财产？请等一下，让我想一想，啊，记起来了，有的有的，但不算多。去年暑天我穿的几套旧的汗褂裤，与几双缝上底的线袜，已交给我的妻放在深山坞里保藏着——怕国军进攻时，被人抢了去，准备今年暑天拿出来再穿；那些就算是我唯一的财产了。但我说出那几件“传世宝”来，岂不要叫那些富翁们齿冷三天？！

清贫，洁白朴素的生活，正是我们革命者能够战胜许多困难的地方！

一九三五年五月二十六日写于囚室

【注释】

〔1〕国方：国民党方面。

〔2〕时表：怀表的旧称。

【赏析】

方志敏（1899—1935），江西弋阳人，原名远镇，乳名正鹄，号慧生。中国无产阶级革命家、政治家、军事家、杰出的农民运动领袖，土地革命战争时期闽浙（皖）赣革命根据地和红十军团的缔造者。于1935年1月27日在江西玉山陇首村被俘。在狱中，面对敌人的百般诱降和严刑逼供，他正气凛然，坚贞不屈。在极端艰苦的条件下，方志敏写下了《可爱的中国》《清贫》《狱中纪实》等著名篇章。1935年8月6日，方志敏在南昌英勇就义，时年36岁。2009年9月，方志敏被中共中央宣传部、组织部等11个部门评选为“100位为新中国成立作出突出贡献的英雄模范人物”。

清贫是一种正气、清贫是一种信仰、清贫是一种力量。方志敏作为老一辈无产阶级革命家的光辉典范，他在长期的革命生涯中虽身居高位却严于律己，廉洁奉公，甘当公仆；清白朴素，艰苦奋斗，始终保持共产党人的政治本色和价值追求。

老舍

济南的冬天

对于一个在北平住惯的人,像我,冬天要是不刮大风,便是奇迹;济南的冬天是没有风声的。对于一个刚由伦敦回来的人,像我,冬天要能看得见日光,便是怪事;济南的冬天是响晴的。自然,在热带的地方,日光是永远那么毒,响亮的天气反有点叫人害怕。可是,在北中国的冬天,而能有温晴的天气,济南真得算个宝地。

设若单单是有阳光,那也算不了出奇。请闭上眼想:一个老城,有山有水,全在蓝天底下很暖和安适地睡着;只等春风来把它们唤醒,这是不是个理想的境界?

小山整把济南围了个圈儿,只有北边缺着点口儿。这一圈小山在冬天特别可爱,好像是把济南放在一个小摇篮里,它们全安静不动地低声地说:你们放心吧,这儿准保暖和。真的,济南的人们在冬天是面上含笑的。他们一看那些小山,心中便觉得有了着落,有了依靠。他们由天上看到山上,便不觉地想起:明天也许就是春了罢?这样的温暖,今天夜里山草也许就绿起来了吧?就是这幻想不能一时实现,他们也并不着急,因为有这样慈善的冬天,干啥还希望别的呢。

最妙的是下点小雪呀。看吧,山上的矮松越发的青黑,树尖上顶着一髻儿白花。山尖全白了,给蓝天镶上一道银边。山坡上有的地方雪厚点,有的地方草色还露着;这样,一道儿白,一道儿暗黄,给山们穿上一件带水纹的花衣;看着看着,这件花衣好像被风儿吹动,叫你希望看见一点更美的山的肌肤。等到快日落的时候，微黄的阳光斜射在山腰上，那点薄雪好像忽然害了羞，微微露出点粉色。就是下小雪吧，济南是受不住大雪的，那些小山太秀气。

古老的济南，城内那么狭窄，城外又那么宽敞，山坡上卧着些小村庄，小村庄的房顶上卧着点雪，对，这是张小水墨画，或者是唐代的名手画的吧。

那水呢，不但不结冰，反倒在绿藻上冒着点热气。水藻真绿，把终年贮蓄的绿色全拿出来了。天儿越晴，水藻越绿，就凭这些绿的精神，水也不忍得冻上；况且那长枝的垂柳还要在水里照个影儿呢。看吧，由澄清的河水慢慢往上看吧，空中、半空中、天上，自上而下全是那么清亮，那么蓝汪汪的，整个是块空灵的蓝水晶。这块水晶里，包着红屋顶、黄草山，像地毯上的小团花的小灰色树影。

这就是冬天的济南。

【赏析】

老舍(1899—1966)，满族，生于北京，本名舒庆春，字舍予，另有笔名絜青、鸿来、非我等。中国现代小说家、作家，同时也是一位语言大师、人民艺术家，新中国第一位获得“人民艺术家”称号的作家。代表作有《骆驼祥子》《四世同堂》，剧本《茶馆》等。1966 年，由于在动乱中受到恶毒的攻击和迫害，老舍被逼无奈之下含冤自沉于北京太平湖。1978 年，老舍得到平反，恢复“人民艺术家”的称号。墓碑上刻写着老舍的一句话：“文艺界尽责的小卒，睡在这里。”

《济南的冬天》最初发表于 1931 年 4 月。这篇充满诗情画意的文章，是写景散文的佳作。作者紧紧抓住济南冬天“温晴”这一特点，描述出一幅幅济南特有的动人冬景，表达了对济南特有冬景的喜爱和赞美，以及作者热爱大自然，热爱生活，热爱生命的生活情操。全文安排有序，脉络清晰，衔接紧密，推进自然。

徐蔚南

快阁的紫藤花(节选)

细雨蒙蒙,百无聊赖之时,偶然从《花间集》[1]里翻出了一朵小小枯槁的紫藤花,花色早退了,花香早散了。啊,紫藤花!你真令人怜爱呢。岂仅怜爱你,我还怀念着你的姊妹们——一架白色的紫藤,一架青莲色的紫藤——在那个园中静悄悄地消受了一宵冷落,不知今朝还能安然无恙否?

啊,紫藤花!你常住在这诗集里吧;你是我前周畅游快阁的一个纪念。

快阁是陆放翁[2]饮酒赋诗的故居,离城西南三里,正是鉴湖绝胜之处;去岁初秋,我曾经去过了,寒中又重游一次,前周复去是第三次了。但前两次都没有给我多大印象,这次去后,情景不同了,快阁的景物时时在眼前显现——尤其使人难忘的,便是那园中的两架紫藤。

快阁临湖而建,推窗外望,远处是一带青山,近处是隔湖的田亩。田亩间分出红黄绿三色:红的是紫云英,绿的是豌豆叶,黄的是油菜花。一片一片互相间着,美丽得远胜人间锦绣。东向,丛林中,隐约间露出一个塔尖,尤有诗意,桨声渔歌又不时从湖面飞来。这样的景色,晴天固然极好,雨天也必神妙,诗人居此,安得不颓放呢!放翁自己说:"桥如虹,水如空,一叶飘然烟雨中,天教称翁。"是的,确然天叫他称放翁的。

阁旁有花园二,一在前,一在后。前面的一个又以墙壁分成为二,前半叠假山,后半凿小池。池中植荷花;如在夏日,红莲白莲,盖满一地,自当另有一番风味。池前有春花秋月楼,楼下有匾额曰“飞跃处”，此是指鱼言。其实，池中只有很小很小的小鱼，要它跃也跃不起来，如何会飞跃呢？

园中的映山红很鲜艳，但远不及山中野生的自然。

自池旁折向北，便是那后花园了。

…………

【注释】

〔1〕《花间集》是五代十国时期编纂的一部词集，也是中国文学史上第一部文人词选集，由后蜀人赵崇祚编辑。本书收录了温庭筠、韦庄等18位花间词派诗人的经典作品，集中而典型地反映了早期词史上文人词创作的主体取向、审美情趣、体貌风格和艺术成就。

〔2〕陆放翁：陆游(1125—1210)，字务观，号放翁，越州山阴(今浙江绍兴)人，南宋文学家、史学家、爱国诗人。

【赏析】

徐蔚南(1900—1952)，原名毓麟，笔名半梅、泽人。江苏吴江人(今苏州市吴江区)，中国散文家、翻译家。启蒙于名儒孙星华，稍长入上海震旦学院，后考取公费留学日本，庆应大学毕业。归国后经邵力子推荐，在绍兴第五中学任教。后加入柳亚子等发起的新南社，从事文学创作，以《山阴道上》誉满文坛。

1924年，徐蔚南在绍兴客居，怀着对祖国锦绣山河的一脉深情，足迹踏遍古城内外、会稽山巅，写下许多优美的散文，结集为《龙山梦痕》(与王世颖合著)。《快阁的紫藤花》就是其中一篇。这篇散文写景抒情，委婉轻灵，清新自然，极富诗意。

鸟(节选)

我爱鸟。

从前我常见提笼架鸟的人,清早在街上溜达(现在这样有闲的人少了)。我感觉兴味的不是那人的悠闲,却是那鸟的苦闷。胳膊上架着的鹰,有时头上蒙着一块皮子,羽翮[1]不整的蜷伏着不动,哪里有半点瞵视昂藏的神气?笼子里的鸟更不用说,常年的关在栅栏里,饮啄倒是方便,冬天还有遮风的棉罩,十分的“优待”,但是如果想要“抟扶摇而直上”,便要撞头碰壁。鸟到了这种地步,我想它的苦闷,大概是仅次于粘在胶纸上的苍蝇,它的快乐,大概是仅优于在标本室里住着罢?

我开始欣赏鸟,是在四川。黎明时,窗外是一片鸟啭[2],不是吱吱喳喳的麻雀,不是呱呱噪啼的乌鸦,那一片声音是清脆的,是嘹亮的,有的一声长叫,包括着六七个音阶,有的只是一个声音,圆润而不觉其单调,有时是独奏,有时是合唱,简直是一派和谐的交响乐。不知有多少个春天的早晨,这样的鸟声把我从梦境唤起。等到旭日高升,市声鼎沸,鸟就沉默了,不知到哪里去了。一直等到夜晚,才又听到杜鹃叫,由远叫到近,由近叫到远,一声急似一声,竟是凄绝的哀乐。客夜闻此,说不出的酸楚!

…………

鸟并不永久地给人喜悦,有时也给人悲苦。诗人哈代在一首诗里说,他在圣诞的前夕,炉里燃着熊熊的火,满室生春,桌上摆着丰盛的筵席,准备着过一个普天同庆的夜晚,蓦然看见在窗外一片美丽的雪景当中，有一只小鸟踞蹐缩缩的在寒枝的梢头踞立，正在啄食一颗残余的僵冻的果儿，禁不住那料峭的寒风，栽倒地上死了，滚成一个雪团！诗人感喟曰："鸟！你连这一个快乐的夜晚都不给我！"我也有过一次类似经验，在东北的一间双重玻璃窗的屋里。忽然看见枝头有一只麻雀，战栗地跳动抖擞着，在啄食一块干枯的叶子。但是我发见那麻雀的羽毛特别的长，而且是蓬松戟张着的：像是披着一件蓑衣，立刻使人联想到那垃圾堆上的大群褴褛而臃肿的人，那形容是一模一样的。那孤苦伶仃的麻雀，也就不暇令人哀了。

自从离开四川以后，不再容易看见那样多型类的鸟的跳荡，也不再容易听到那样悦耳的鸟鸣。只是清早遇到烟突冒烟的时候，一群麻雀挤在檐下的烟突旁边取暖，隔着窗纸有时还能看见伏在窗棂上的雀儿的映影。喜鹊不知逃到哪里去了。带哨子的鸽子也很少看见在天空打旋。黄昏时偶尔还听见寒鸦在古木上鼓噪，入夜也还能听见那像哭又像笑的鸱枭的怪叫。

再令人触目的就是那些偶然一见的囚在笼里的小鸟儿了，但是我不忍看。

【注释】

〔1〕羽翮(yǔ hé)：指鸟羽。

〔2〕鸟啭(zhuàn)：指鸟婉转地鸣叫。

【赏析】

梁实秋(1903—1987)，原名治华，字实秋，浙江杭州人，生于北京。笔名子佳、秋郎、程淑等。中国著名的散文家、学者、文学批评家、翻译家，莎士比亚研究权威。曾赴美留学，后任教于国立东南大学和青岛大学。曾与徐志摩、闻一多创办新月书店，主编《新月》月刊。梁实秋40岁以后着力较多的是散文和翻译。散文代表作《雅舍小品》从1949年起20多年共出4辑。30年代开始翻译莎士比亚作品，持续40载，到1970年完成《莎士比亚全集》的翻译。

本篇《鸟》,以“我爱鸟”一开笔就表“情”,直截了当,毫不含糊。以典雅生动的语言描写了鸟的美,也记述了各种不同的鸟给自己带来的感受,字里行间蕴含着作者对自然、对人生的体味与理解。

时间即生命

最令人怵目惊心的一件事，是看着钟表上的秒针一下一下的移动，每移动一下就是表示我们的寿命已经缩短了一部分。再看看墙上挂着的可以一张张撕下的日历，每天撕下一张就是表示我们的寿命又缩短了一天。因为时间即生命。没有人不爱惜他的生命，但很少人珍视他的时间。如果想在有生之年做一点什么事，学一点什么学问，充实自己，帮助别人，使生命成为有意义，不虚此生，那么就不可浪费光阴。这道理人人都懂，可是很少人真能积极不懈的善为利用他的时间。

我自己就是浪费了很多时间的一个人。我不打麻将，我不经常的听戏看电影，几年中难得一次，我不长时间看电视，通常只看半小时，我也不串门子闲聊天。有人问我："那么你大部分时间都做了些什么呢?"我痛自反省，我发现，除了职务上的必须及人情上所不能免的活动之外，我的时间大部分都浪费了。我应该集中精力，读我所未读过的书，我应该利用所有时间，写我所要写的东西。但是我没能这样做。我的好多的时间都糊里糊涂的混过去了，"少壮不努力，老大徒伤悲。"

例如我翻译莎士比亚，本来计划于课余之暇每年翻译两部，二十年即可完成，但是我用了三十年，主要的原因是懒。翻译之所以完成，主要的是因为活得相当长久，十分惊险。翻译完成之后，虽然仍有工作计划，但体力渐衰，有力不从心之感。假使年轻的时候鞭策自己，如今当有较好或较多的表现。然而悔之晚矣。

再例如，作为一个中国人，经书不可不读。我年过三十才知道读书自修的重要。我披阅，我圈点，但是恒心不足，时作时辍。五十以学易，可以无大过矣，我如今年过八十，还没有接触过易经，说来惭愧。史书也很重要。我出国留学的时候，我父亲买了一套同文石印的前四史，塞满了我的行箧的一半空间，我在外国混了几年之后又把前四史原封带回来了。直到四十年后才鼓起勇气读了《通鉴》一遍。现在我要读的书太多，深感时间有限。

无论做什么事，健康的身体是基本条件。我在学校读书的时候，有所谓“强迫运动”，我踢破过几双球鞋，打断过几只球拍。因此侥幸维持下来最低限度的体力。老来打过几年太极拳，目前则以散步活动筋骨而已。寄语年轻朋友，千万要持之以恒的从事运动，这不是嬉戏，不是浪费时间。健康的身体是做人做事的真正的本钱。

【赏析】

“没有人不爱惜他的生命，但很少人珍视他的时间。”作者以时间和生命为线，结合亲身感受告诉我们时间的重要性：时间即生命，并用几件“懊恼”之事将其刻进读者的脑中。幽默、轻松的文笔既是对过去时的回顾，又是对自己状态的自嘲。

蹇先艾

海滨小景(节选)

我爱山,我也爱海;我爱山的崇高,雄浑、威严,我也爱海的宽容,伟大,汪洋,如果拿这两种东西来象征人格的话,我也就最崇拜这两种人格。我是在山国里长大的人,我们的庭园便包围在纠纷的群山之中,我曾经有一个很长的时期,朝朝暮暮晤对着山上的城墙,荒坟、古庙、茅屋、圮塔与松林。我还穿着线耳草鞋,走过蜿蜒龙蟠的九溪十八涧和峦荒的山蹊。我个人对于山的知识比对于海的知识多得多。海,我却很少有机会去接触或者去细细地领略。说句真话,有时候我更偏爱我们的祖国的黄河和扬子江;那两条水的天险、波涛、泥沙,与呜咽,能够给我们以更深的刺激,引起我们对于国家的命运的兴叹。我们目前需要的是生命的呼号,巨浪掀起,挣扎、搏斗,像我们那古老的江河一样。不过,海,在宁静的时候,我们也同样需要它的宽大,海涵,来培养或扩充我们的人格。我觉得我们在国难严重的时期,应当学咆哮的江河;在太平时代,才应当学浩淼的海水。

一九三六年夏天,我在青岛住了一个星期。青岛的市政,柏油的马路,巍峨的建筑,蓊郁的树木,自然值得称赞;但是我并不怎样地注意,我每天的生活总是到海边去散步,拾蚌壳,或者默坐。遥对着海景。海风拂拂地吹到我的脸上,虽然带着一点腥气与咸味;然而阻止不了我对于海的倾慕,对于海的陶醉。

我刚到青岛的那天,便在给一个朋友的信中写道:

"……黄昏时候,火车渐渐地走得缓慢起来,浩瀚的大海便展开在我们的眼前了。参差不齐的帆樯严密地排在海边。太阳不见了,天上灰絮似的云影移动着。天连水,水连天。云翳在辽阔的天空中幻变成各式各样的形体:有的像飞禽,有的像走兽,有的像层叠的山峰……”这是青岛的海景第一次给我的印象。

次日早晨,空气异常潮湿,在细雨濛濛的飘飞中,我一个人便跑到海滨去散步。一出门,走不上几步,我的眼镜便被雨打湿了,简直辨不出路径来。终于走到海滨公园,我坐在一张褐色的石桌前,面对看大海。桌下便是一带嶙峋的岩石,有几个日本女孩在那里寻找海蟹与海螺,跳着脚跑来跑去,好像在平地上走路的样子。海上的左岸的轮廓,比较分明,迤逦着房舍的行列,红顶黄墙堆积在绿树丛中,由海边蔓延到高坡上去。山峦起伏在灰色雾縠里面,景色极其迷蒙。对面是一片镶嵌着绿林的小岛,左边海水茫茫,望不到涯涘。有两三点帆景在海上起伏;远的模糊,近影清晰。海水的呼啸,像深山里一万个瀑布声。海面有一碧万顷的波澜在摇动。靠岸是一簇一簇的白沫似的巨浪,变化迅速,不可捉摸。有时像充满了愤怒,哗哗地抨击着海岸;有时一小股一小股地跳上崖石来,又跳回去,比小孩子还活泼。我沉醉了,我的长年郁闷的心胸,得到了暂时的舒解。到了午饭的时候,我还是依恋着不肯回到旅舍去。

【赏析】

蹇先艾(1906—1994),贵州遵义人,笔名罗辉、赵休宁、陈艾利、蔼生等。现代作家。1919 年冬,蹇先艾至北京读书,先后就读北京师范学校附属小学、北京师范大学附中。后毕业于北平大学法学院经济系,获法学学士学位。学生时期即开始写作,1926 年参加文学研究会,与李健吾等组织新文学团体——曦社,出版文学杂志《爝火》。1930 年任北京松坡图书馆编纂主任。出版小说、散文多本,被鲁迅先生称为“乡土文学作家”。抗战爆发后,返回贵州,与谢六逸等组织每周文艺社,出版《每周文艺》,后主编贵州日报副刊《新垒》。1937—1949 年,靠教书为生,先后任遵义师范学校校长，贵州大学等校教授。中华人民共和国成立后，历任西南文化艺术家联合会常委、贵州省文联主席、省文化局局长等职。著有《朝雾》《一位英雄》《乡间的悲剧》《盐的故事》《幸福》《倔强的女人》等。蹇先艾的创作以小说、散文为主，兼及诗歌、杂文、翻译和文论，文风简朴，乡土气息浓郁。

蹇先艾的作品中体现了鲜明的地域文化特色，本文开篇即写到："我是在山国里长大的人"，即便身处海边美景，但对家乡热土的观照和思考，仍然是作者心中难解的结。

丽尼

鹰之歌（节选）

鹰是我所爱的。它有着两个强健的翅膀。

鹰的歌声是嘹唳而清脆的，如同一个巨人的口在远天吹出了口哨。而当这口哨一响着的时候，我就忘却我的忧愁而感觉兴奋了。

我有过一个忧愁的故事。每一个年轻的人都会有一个忧愁的故事。

南方是有着太阳和热和火焰的地方。而且，那时，我比现在年轻。

那些年头！啊，那是热情的年头！我们之中，像我们这样大的年纪的人，在那样的年代，谁不曾有过热情的如同火焰一般的生活！谁不曾愿意把生命当作一把柴薪，来加强这正在燃烧的火焰！有一团火焰给人们点燃了，那么美丽地发着光辉，吸引着我们，使我们抛弃了一切其他的希望与幻想，而专一地投身到这火焰中来。

然而，希望，它有时比火星还容易熄灭。对于一个年轻人，只须一个刹那，一整个世界就会从光明变成了黑暗。

我们曾经说过："在火焰之中锻炼着自己"；我们曾经感觉过一切旧的渣滓都会被铲除，而由废墟之中会生长出新的生命，而且相信这一切都是不久就会成就的。

然而，当火焰苦闷地窒息于潮湿的柴草，只有浓烟可以见到的时候，一刹那间，一整个世界就变成黑暗了。

我坐在已经成了废墟的公园看着赤红的晚霞，听着嘹唳而清脆的鹰歌，然而我却如同一个没有路走的孩子，凄然地流下眼泪来了。

“一整个世界变成了黑暗;新的希望是一个艰难的生产。”

鹰在天空之中飞翔着了,伸展着两个翅膀,倾侧着,回旋着,作出了短促而悠远的歌声,如同一个信号。我凝望着鹰,想从它的歌声里听出一个珍贵的消息。

“你凝望着鹰么?”她问。

“是的,我望着鹰。”我回答。

她是我的同伴,是我三年来的一个伴侣。

“鹰真好!”她沉思地说了,“你可爱鹰?”

“我爱鹰的。”

“鹰是可爱的。鹰有两个强健的翅膀,会飞,飞得高,飞得远,能在黎明里飞,也能在黑夜里飞。你知道鹰是怎样在黑夜里飞的么? 是像这样飞的,你瞧。”说着,她展开了两只修长的手臂,旋舞一般地飞着了,是飞得那么天真,飞得那么热情,使她的脸面也现出了夕阳一般的霞彩。

我欢乐的笑了,而感觉了奋兴。

【赏析】

丽尼(1909—1968),湖北孝感人,原名郭安仁,20世纪三四十年代著名散文家,1955年加入中国作家协会。1935年底在上海巴金为丽尼出版了他的第一本散文集《黄昏之献》。另有巴金为其编选的《白夜》和《鹰之歌》两本散文集存世。其散文特点为:把叙事与抒情合二为一,不事雕琢铺陈,以清新秀丽见长,文笔委婉,思绪活跃,有浓郁的诗意。

此文写于1934年2月,是一篇忆念南方黄昏的抒情散文、一首颂扬革命女友的诗。此文在艺术上颇具特色,作者没有采用通常的叙事方法,事件本身在文章中被淡化得若隐若现。作者通过描绘感情轨迹的心理变化,隐晦曲折地描写了这段经历。此文抒发的虽是个人情怀,却也控诉了在那个年代黑暗势力对青春与生命的摧残。同时,字里行间,也透露出作者对革命女伴的深切怀念与无限敬仰。

论快乐(节选)

“永远快乐”这句话,不但渺茫得不能实现,并且荒谬得不能成立。快过的决不会永久;我们说永远快乐,正好像说四方的圆形、静止的动作同样地自相矛盾。在高兴的时候,我们的生命加添了迅速,增进了油滑。像浮士德那样,我们空对瞬息即逝的时间喊着说:“逗留一会儿罢! 你太美了!”那有什么用? 你要永久,你该向痛苦里去找。不讲别的,只要一个失眠的晚上,或者有约不来的下午,或者一课沉闷的听讲——这许多,比一切宗教信仰更有效力,能使你尝到什么叫做“永生”的滋味。人生的刺,就在这里,留恋着不肯快走的,偏是你所不留恋的东西。

快乐的人生里,好比引诱小孩子吃药的方糖,更像跑狗场里引诱狗赛跑的电兔子。几分钟或者几天的快乐赚我们活了一世,忍受着许多痛苦。我们希望它来,希望它留,希望它再来——这三句话概括了整个人类努力的历史。在我们追求和等候的时候,生命又不知不觉地偷度过去。也许我们只是时间消费的筹码,活了一世不过是为那一世的岁月充当殉葬品,根本不会享到快乐。但是我们到死也不明白是上了当,我们还理想死后有个天堂,在那里——谢上帝,也有这一天! 我们终于享受到永远的快乐。你看,快乐的引诱,不仅像电兔子和方糖,使我们忍受了人生,而且仿佛钓钩上的鱼饵,竟使我们甘心去死。这样说来,人生虽然痛苦,却并不悲观,因为它终抱着快乐的希望;现在的账,我们预支了将来支付,为了快活,我们甚至于愿意慢死。

穆勒曾把“痛苦的苏格拉底”和“快乐的猪”比较。假使猪真知道快活，那末猪和苏格拉底也相去无几了。猪是否能快乐得像人，我们不知道；但是人会容易满足得像猪，我们是常看见的。把快乐分肉体的和精神的两种，这是最糊涂的分析。一切快乐的享受都属于精神的，尽管快乐的原因是肉体上的物质刺激。小孩子初生下来，吃饱了奶就乖乖地睡，并不知道什么是快活，虽然它身体感觉舒服。缘故是小孩子的精神和肉体还没有分化，只是混沌的星云状态。洗一个澡，看一朵花，吃一顿饭，假使你觉得快活，并非全因为澡洗得干净，花开得好，或者菜合你口味，主要因为你心上没有挂碍，轻松的灵魂可以专注肉体的感觉，来欣赏，来审定。要是你精神不痛快，像将离别时的筵席，随它怎样烹调得好，吃来只是土气息、泥滋味。那时刻的灵魂，仿佛害病的眼怕见阳光，撕去皮的伤口怕接触空气，虽然空气和阳光都是好东西。快乐时的你，一定心无愧怍。假如你犯罪而真觉快乐，你那时候一定和有道德、有修养的人同样心安理得。有最洁白的良心，跟全没有良心或有最漆黑的良心，效果是相等的。

【赏析】

钱钟书(1910—1998)，江苏无锡人，原名仰先，字哲良，后改名钟书，字默存，号槐聚，曾用笔名中书君。中国现代作家、文学研究家。1929年，考入清华大学外文系。1937年，以《十七十八世纪英国文学中的中国》一文获牛津大学艾克赛特学院学士学位。其代表作品有《围城》《管锥编》《谈艺录》《写在人生边上》等。

本文是一篇蕴含人生哲理与深刻社会意义的随笔，作者从不同角度、不同层面上表达了他对快乐的种种见解。文中多种修辞手法的运用使得全文生动有趣。作者征引繁富，将古往今来的中西文化熔于一炉，充分展现其学者散文的风范，同时，文章语言精练幽默，深入浅出，耐人咀嚼。

永远的追求和憧憬

一九一一年，在一个小县城里边，我生在一个小地主的家里。那县城差不多就是中国的最东最北部——黑龙江省——所以一年之中，倒有四个月飘着白雪。

父亲常常为着贪婪而失掉了人性。他对待仆人，对待自己的儿女，以及对待我的祖父都是同样的吝啬而疏远，甚至于无情。

有一次，为着房屋租金的事情，父亲把房客的全套的马车赶了过来。房客的家属们哭着，诉说着，向着我的祖父跪了下来，于是祖父把两匹棕色的马从车上解下来还了回去。

为着这两匹马，父亲向祖父起着终夜的争吵。“两匹马，咱们是不算什么的，穷人，这两匹马就是命根。”祖父这样说着，而父亲还是争吵。

九岁时，母亲死去。父亲也就更变了样，偶然打碎了一只杯子，他就要骂到使人发抖的程度。后来就连父亲的眼睛也转了弯，每从他的身边经过，我就像自己的身上生了针刺一样；他斜视着你，他那高傲的眼光从鼻梁经过嘴角而后往下流着。

所以每每在大雪中的黄昏里，围着暖炉，围着祖父；听着祖父读着诗篇，看着祖父读着诗篇时微红的嘴唇。

父亲打了我的时候，我就在祖父的房里，一直面向着窗子，从黄昏到深夜——窗外的白雪，好像白棉一样的飘着；而暖炉上水壶的盖子，则像伴奏的乐器似的振动着。

祖父时时把多纹的两手放在我的肩上，而后又放在我的头上，我的耳边便响着这样的声音：

“快快长吧！长大就好了。”

二十岁那年，我就逃出了父亲的家庭。直到现在还是过着流浪的生活。

“长大”是“长大”了，而没有“好”。

可是从祖父那里，知道了人生除掉了冰冷和憎恶而外，还有温暖和爱。

所以我就向这“温暖”和“爱”的方面，怀着永久的憧憬和追求。

一九三六，十二，十二日

【赏析】

萧红(1911—1942)，1911 年出生于黑龙江省哈尔滨市呼兰区一个地主家庭，幼年丧母。乳名荣华，本名张秀环，后由外祖父改名为张廼莹，笔名萧红、悄吟、玲玲、田娣等。中国近现代女作家，“民国四大才女”之一，被誉为“20 世纪 30 年代的文学洛神”。1932 年，结识萧军。1933 年，以悄吟为笔名发表第一篇小说《弃儿》。1935 年，在鲁迅的支持下，发表成名作《生死场》。1936 年，东渡日本，创作散文《孤独的生活》、长篇组诗《砂粒》等。1940 年，与端木蕻良同抵香港，之后发表中篇小说《马伯乐》、长篇小说《呼兰河传》等。1942 年 1 月 22 日，因肺结核和恶性气管扩张病逝于香港，年仅 31 岁。

本文是 1936 年应美国友人斯诺编译《活跃中国》一书之约而写的一篇小传，作者以简洁优美的文笔描述了家乡、身世，表达了触人心魄的生活情节，具有鲜明的人物性格、浓郁的抒情色彩。言简义丰、情文并茂。

冯亦代

向日葵（节选）

看到外国报刊登载了久已不见的梵高名画《向日葵》，以三千九百万美元的高价，在伦敦拍卖成交，特别是又一次看到原画的照片，心中怏怏若有所失者久之；因为这是一幅我所钟爱的。当然我永远不会有可以收藏这幅画的家财，但这也禁不住我对它的喜欢。如今归为私人所有，总有种今后不复再能为人们欣赏的遗憾。我虽无缘亲见此画，但我觉得名画有若美人，美人而有所属，不免是件憾事。

记得自己也曾经有过这幅同名而布局略异的复制品。是抗战胜利后在上海买的。有天在陕西南路街头散步，在一家白俄经营小书的橱窗里看到陈列着一幅梵高名画集的复制品。梵高是19世纪以来对现代绘画形成颇有影响的大师，我不懂画，但我喜欢他的强烈色调，明亮的画幅上带着些淡淡的哀愁和寂寞感。《向日葵》是他的系列名画，一共画了七幅，四幅收藏在博物馆里，一幅毁于第二次世界大战时的日本横滨，这次拍卖的则是留在私人手中的最后两幅之一；当下我花了四分之一的月薪，买下了这幅梵高的精致复制品。

我特别喜欢他的那幅向日葵，朵朵黄花有如明亮的珍珠，耀人眼目，但孤零零插在花瓶里，配着黄色的背景，给人的是种凄凉的感觉，似乎是盛宴散后，灯烛未灭的那种空荡荡的光景，令人为之心沉。我原是爱看向日葵的，每天清晨看它们缓缓转向阳光，洒着露珠，是那样的楚楚可怜亦复可爱。如今得了这幅画便把它装上镜框，挂在寓所餐室里。向日葵衬在一片明亮亮的黄色阳光里，挂在漆成墨绿色的墙壁上。宛如婷婷伫立在一望无际的原野中，特别怡目，但又显得孤清。每天我就这样坐在这幅的对面，看到了欢欣，也尝到了寂寞。以后我读了欧文·斯通的《生活的渴望》，是关于梵高短暂一生的传记。他只活了三十七岁；半生在探索色彩的癫狂中生活，最后自杀了。他不善谋生，但在艺术上却走出了自己的道路，虽然到死后很久，才为人们所承认。我读了这本书，为他执著的生涯所感动，因此更宝贵他那画得含蓄多姿的向日葵。我似乎懂得了他的画为什么一半欢欣，一半寂寞的道理。

解放了，我到北京工作，这幅画却没有带来；总觉得这幅画与当时四周的气氛不相合拍似的。因为解放了，周围已没有落寞之感，一切都沉浸在节日的欢乐之中。但是曾几何时，我又怀恋起这幅画来了。似乎人就像是这束向日葵，即使在落日的余晖里，都拼命要抓住这逐渐远去的夕阳。我想起了深绿色的那面墙，它一时淹没了这一片耀眼的金黄；我曾努力驱散那随着我身影的孤寂，在做无望的挣扎。以后星移斗转，慢慢这一片金黄，在我的记忆里也不自觉地淡漠起来，逐渐疏远得几乎被遗忘了。

…………

【赏析】

冯亦代(1913—2005)，出生于浙江杭州，原名贻德，笔名楼风、冯之安等。中国作家协会会员。曾任重庆中外文化联络社经理。美国文学研究会常务理事，中国作协理事，中外文学交流委员会委员，国际笔会中心理事，中国翻译工作者协会常务理事，北京翻译工作者协会副会长，国际文化交流中心理事，国际文化出版公司副董事长。全国政协委员，民盟中央委员会委员。1926 年开始发表作品。1938 年，冯亦代在香港《星报》任职，此后屡次参与创办和出版《中国作家》《耕耘》《电影与戏剧》等报纸和杂志，是中国著名的编辑出版家。冯亦代在翻译界也享有盛名，早在 20 世纪

40年代就开始从事文学翻译，曾翻译美国作家海明威的作品，成为最早将海明威介绍到中国的翻译家之一。

《向日葵》是一篇感情沉郁的散文。作者托物言志，于娓娓的叙述和细腻的描绘中，不动声色地倾诉了《向日葵》这幅名画赋予他的生命体验以及十年动乱时期艰难的心境。

王世襄

百　　灵

我喜欢百灵，却从来也没有认认真真养过百灵。这种鸟古代叫天鹨，一名告天鸟，近代通称云雀，在西方则有 Lark 之称。

儿时在北京，接近了一些养百灵的人。他们多数是八旗旧裔，但也有贩夫走卒，甘心把家中所有或辛勤所得全部奉献给百灵。从这些行家们口中得知，如果养百灵不像京剧那样有“京派”“海派”之分，至少也有“北派”“南派”之别。北派对百灵的鸣叫有严格的要求，笼具则朴质无华，尺寸也不大。南派讲求百灵绕笼飞鸣，故笼子高可等身，而且雕刻镶嵌，十分精美，价值可高达千百金。正因其高，富家遛鸟，多雇用两人，杠穿笼钩，肩抬行走。

北派专养“净口百灵”。所谓“净口”就是规定百灵只许叫十三个片段，通称“十三套”。十三套有一定的次序，只许叫完一套再叫一套，不得改变次序，不得中间偷懒遗漏或胡乱重复。

…………

过去东西南北城各有一两家茶馆，名叫“百灵茶馆”。东城的一家就在朝阳门外迤北，夹在护城河与菱角坑之间的“爱莲居”。凡是百灵茶馆都只许净口百灵歌唱，别的鸟不许进门，只能扣上笼罩，在窗户外边听，连敞开罩子吱一声都要受到呵斥。

进门一看，真叫肃静，六间打通了的勾连搭茶室，正中一张八仙桌是百灵独唱的舞台，四匝长条桌围成一圈，上面放着扣好罩子的百灵笼，不下百十具，一个个鸟的主人靠墙而坐，洗耳恭听。

俗话说:“父以子贵,妻以夫荣”。养百灵的却可以说“人以鸟尊”!哪一位的鸟是班头,主人当然就是魁首。只要他一进茶馆,列位拱手相迎,前拥后簇,争邀座,抢会茶钱,有如众星捧月,好不风仪,好不光彩,而主人也就乐在其中了。

当年我也曾想养一笼净口百灵,无奈下不起这个苦工夫。天不亮,万籁俱寂、百鸟皆喑的时候便提出笼来遛,黎明之前必须回家。白天则将笼子放在专用的空水缸内,盖上盖,使百灵与外界隔绝,每天只有一定的时间让它放声鸣叫。雏鸟初学十三套时,要拜一笼老百灵为师,天天跟它学,两年才能套了基本稳定,三年方可出师,行话叫做“排”。意思和幼童在科班里学戏一样,一招一式,一言一语都是排出来的。所以养净口百灵,生活起居,必须以笼鸟为中心,一切奉陪到底。鸟拜了师,人也得向鸟师傅的主人执弟子礼,三节两寿不可怠慢失仪。鸟事加人事,繁不胜繁,所以我只好望笼兴叹了。

中年以后,有机会来到南方的几个大城市,看到北派行家口中所谓的南派养法,高笼中设高台,百灵耸身登上,鼓翅而鸣,继以盘旋飞翔,有如蹁跹起舞。至于歌唱,则适性任情,爱叫什么叫什么,既无脏口之说,更谈不上什么十三套了。我认为去掉那些人为的清规戒律,多给百灵一点自由,也未可厚非。当年我曾抑南崇北,轩轾甲乙,自然是受了北派的影响,未免有门户之见。

不意垂老之年,来到长江以南的濒湖地区——湖北咸宁。我被安排住在围湖造田的工棚里,放了两年牛。劳动之余,躺在堤坡上小憩,听到大自然中的百灵,妙音来自天际,极目层云,只见遥星一点,飘忽闪烁,运行无碍,鸣声却清晰而不间歇,总是一句重复上百十次,然后换一句又重复上百十次。如此半晌时刻,蓦地一振翅,像流星一般下坠千百仞,直落草丛中。这时我也好像从九天韶乐中醒来。回到了人间,发现自己还是躺在草坡上,不禁嗒然若失。这片刻可以说是当时的最高享受,把什么抓“五·一六”等大字报上的乌七八糟语言忘个一干二净，真是快哉快哉！

听到了大自然中的百灵，我才恍然有悟，北派的十三套和南派的绕笼飞鸣，都不过是各就百灵重复歌唱的习性，使它在不同的场合有所表现而已。

北派十三套，可以把活鸟变成录音带，一切服从人的意志。老北京玩得如此考究、到家，说出来可以震惊世界。不过想穿了，养鸟人简直是自己和自己过不去，没罪找罪受，说句北京老话就是“不冤不乐”。南派的绕笼飞鸣，也终不及让鸟儿在晴空自由翱翔，自由歌唱。对百灵的欣赏由抑南崇北到认识南北各有所长，未容轩轾，直至最后觉得可爱好听还是自由自在的天籁之音，这也算是我的思想感情的一点变化吧。

【赏析】

王世襄(1914—2009)，字畅安，原籍福建福州，生于北京。著名文物专家、学者、文物鉴赏家、收藏家，国家文物局中国文化遗产研究院研究员、中央文史研究馆馆员，享受国务院特殊津贴。

春暖花开的时节，万物复苏，鸟儿鸣唱。芜杂的世界里，我们或许已快要遗忘了这些天籁之音，但读了王世襄的故事，听听百灵轻快的歌谣，是否让您重新感受到那份来自大自然的气息了呢?

吴冠中

贵州山丛寻画(节选)

我从来不以“叶公好龙”来讽嘲自己。我好深山老林、原始森林,也多次冒着艰险进入这些林子里写生过。我到过西藏、井冈山、武夷山、玉龙山……,这回到了贵州,也还要找原始森林。同志们介绍我到了雷公山。雨多,林里坡陡路滑,靠向导砍来的一根竹杖,我们才能一步步在陡坡边挪移。我体会到这一竹杖仿佛是山羊的一条腿,山羊之所以能依峭壁行动,因为它有四根竹杖啊!雨衣并不顶事,裤腿湿透了,在雨打的茅草中穿行,哪有不湿的,湿透裤腿算得了什么。我担心的是毒蛇,虽然人们说山高天冷,没有老蛇,但我还是遇见了几次小蛇,也不知它有毒无毒。手背上常出现些小红丝叶,我将它拂去,一会儿又沾上了,细看,原来是被茅草割破的血线。那茅草叶大概是世上最细微的锯子了,锯而不痛!我不是徐霞客,我的目的是作画,千里迢迢而来,为的想捕捉粗犷原始之美;虽天天落雨,还是要画,用雨伞扎在画架上,用大块塑料薄膜张挂在树枝间聊作帐篷,却不理想。小杨同志念我来之不易,往往打着雨伞让我勉强作画。

从住地步行到响水崖瀑布,约三个小时。但在公路边遥看那三折白练,感到很不过瘾,我们要接近它。事先也曾打听过接近的道路,但很少人走过,只获得一些概念性的向导,没有找到确曾到过的实践者。我们从瀑布斜对岸一处农田边的下坡小道入口,一直下到陡坡丛林,再往下便没有路了,坡极陡,我是下不去的了!眼看着底下那白亮白亮的唱着跳着的溪涧,它就是被瀑布推送出来的。老闵同志下去了,我不断问:行吗?其实他自己也一直处于侦察的未知数中，但总大着胆子说：行！行！渐渐他的声音已遥远，互相呼喊都听不到了，只剩下潺潺的水声永远在呼唤！我已行年六十有二，早过了不惑之年，人老骨头硬，是跌不得，不能冒险的了！但不知怎的，就像儿童似的，我不考虑后果爬下去了，攀着树枝和树根。有些树其实是朽透了的木灰，被我扳倒，自己险些滚下去，惊出满身大汗，但已到了进退两难的地步，只好硬着头皮继续爬下去。好不容易侥幸抵达了溪边，逆水上溯瀑布去，却依然无路，还是过不去！遇到一个在水里推送木头的老乡，问他爬上山去的小道，他说根本没有，还得从下来的那陡坡爬回去。后怕犹在，我真感到胆怯了；心想，这是我这辈子最后一次冒险了！但大自然无穷的生命力永远在吸引人；谁真能保证老年人就不再着魔啊！

啃冷馒头，喝凉水，生活的艰苦我们是全不在乎的。今天能进得这深山来，还是靠建了微波站，通了公路，我们才能在微波站落脚。站建在海拔二千几百公尺的最高点，空气终年寒冷潮湿，室内横杆上不断滴水，棉被都是湿漉漉的，在室外站一会，须、眉、头发上便结一层白白的薄霜。人们长期在这四无人烟的环境中工作，生活是单调的；但正是为了使偏远山区的人民能看到电视，必先有人付出生活单调的代价。

……………

【赏析】

吴冠中(1919—2010)，江苏宜兴人，当代著名画家、美术教育家。1942年毕业于国立艺术专科学校，后考取公费留法。1947—1950年在巴黎国立高级美术学校苏弗尔皮教授工作室进修油画，1950年秋返国后曾任教于中央美术学院、清华大学、北京艺术学院及中央工艺美术学院。早年主要学习西方油画，兼学中国画，返国后致力于油画民族化及中国画现代化之探索，题材由人物画转向风景画，志在将中西艺术结合在一起，并将中国绘画艺术推向世界。已出版《吴冠中画集》等十余种，文集有《吴冠中谈艺集》《吴冠中散文选》《美丑缘》等。

《贵州山丛寻画》为其抒情散文佳作，语言简练朴实，书写了对自然、对人生的感悟与热爱。

岳阳楼记（节选）

岳阳楼值得一看。

长江三胜，滕王阁、黄鹤楼都没有了，就剩下这座岳阳楼了。

岳阳楼最初是唐开元中中书令张说所建，但在一般中国人印象里，它是滕子京建的，滕子京之所以出名，是由于范仲淹的《岳阳楼记》。中国过去的读书人很少没有读过《岳阳记》的，《岳阳楼记》一开头就写道："庆历四年春，滕子京谪守巴陵郡，越明年，政通人和，百废俱兴……"虽然范记写得很清楚，滕子京不过是"重修岳阳楼，增其旧制"，然而大家不甚注意，总以为这是滕子京建的。岳阳楼和滕子京这个名字分不开了。滕子京一生做过什么事，大家不去理会，只知道他修建了岳阳楼，好像他这辈子就做了这一件事。滕子京因为岳阳楼而不朽，而岳阳楼又因为范仲淹的一记而不朽。若无范仲淹的《岳阳楼记》，不会有那么多人知道岳阳楼，有那么多人对它向往。《岳阳楼记》通首写得很好，而尤其为人传诵者，是"先天下之忧而忧，后天下之乐而乐"这两句名言。可以这样说：岳阳楼是由于这两句名言而名闻天下的。这大概是滕子京始料所不及，亦为范仲淹始料所不及。这位"胸中自有数万甲兵"的范老子的事迹大家也多不甚了了，他流传后世的，除了几首词，最突出的，便是一篇《岳阳楼记》和《记》里的这两句话。这两句话哺育了很多后代人，对中国知识分子的品德的形成，产生了极其深远的影响。匹夫而为百世师，一言而为天下法，呜呼，立言的价值之重且大矣，可不慎哉！

…………

我在别处没有看见过一个像岳阳楼这样的建筑。全楼为四柱、三层、盔顶的纯木结构。主楼三层,高十五米,中间以四根楠木巨柱从地到顶承荷全楼大部分重力,再用十二根宝柱作为内围,外围绕以十二根檐柱,彼此牵制,结为整体。全楼纯用木料构成,逗缝对榫,没用一钉一铆,一块砖石。楼的结构精巧,但是看起来端庄浑厚,落落大方,没有搔首弄姿的小家气,在烟波浩淼的洞庭湖上很压得住,很有气魄。

…………

岳阳楼本身很美,尤其美的是它所占的地势。"滕王高阁临江渚",看来和长江是有一段距离的。黄鹤楼在蛇山上,晴川历历,芳草萋萋,宜俯瞰,宣远眺,楼在江之上,江之外,江自江,楼自楼。岳阳楼则好像直接从洞庭湖里长出来的。楼在岳阳西门之上,城门口即是洞庭湖,伏在楼外女墙上,好像洞庭湖就在脚底,丢一个石子,就能听见水响,楼与湖是一整体。没有洞庭湖,岳阳楼不成其为岳阳楼,没有岳阳楼,洞庭湖也就不成其为洞庭湖了。站在岳阳楼上,可以清清楚楚看到湖中帆船来往,渔歌互答,可以扬声与舟中人说话;同时又可远看浩浩汤汤,横无际涯,北通巫峡,南极潇湘的湖水,远近咸宜,皆可悦目。"气蒸云梦泽,波憾岳阳城",并非虚语。

…………

【赏析】

汪曾祺(1920—1997),江苏高邮人,中国当代作家、散文家、京派作家的代表人物,对戏剧与民间文艺也有深入的研究,被誉为"抒情的人道主义者,中国最后一个纯粹的文人,中国最后一个士大夫"。毕业于西南联大中国文学系。散文集有《逝水》《蒲桥集》《孤蒲深处》《人间草木》《旅食小品》《矮纸集》《汪曾祺小品》等,短篇小说有《受戒》《大淖记事》《鸡鸭名家》《异秉》《羊舍一夕》等;小说集有《邂逅集》《晚饭花集》《茱萸集》;艺术小品集有《汪曾祺:文与画》;文学评论集有《晚翠文谈》;剧本京剧有《沙家浜》(主要编者之一)、《范进中举》;文集有《汪曾祺自选集》《汪曾祺文集》《汪曾祺全集》。

《岳阳楼记》语言平实,行文从容不迫、顿挫有致,情感朴实真诚,不忸怩作态、不做作。

奔

长江的浩荡波流，回旋着，翻卷着，仿佛在挣脱着什么，发出轰隆隆巨声，浪涛和浪涛彼此呼唤着，滚滚东奔，追赶那一轮红日。从最遥远的迷漫着雾气的天际，也能看见它闪亮的水面。而两岸的巉岩绝壁，把峻峭的山峰，高高地耸在它们头上那一片荒凉的蓝空中，俯视着澎湃的急流。只有它们知道长江已经走过和将要走过的迢遥途程的时间，是多么悠久。

我站在飞驰于长江的轮船甲板上，风吹着头发，衣襟向天空飘起。我手扶横栏，凝望着从荒古以来就以自己征服一切的雄浑大气，凌驾着风暴，岁月的重轭所不能制服的生命急流，在无尽的追求中，宽阔的胸膛，倾吐出深沉洪亮的声音，好像在告诉人们一件重要的事情。而它所追赶的太阳，正在朝它背后的西方沉落。

那鲜红艳丽给大地倾注了青春和轰响的生命的火球，使冻结的江河，在山野丛林的摇篮中醒来，使寒冬岁月里深藏在地下的种子，诞生出嫩绿的禾苗，给草原洒满鲜花，让鱼群在温暖的水波里自由浮沉。万物都受到太阳的抚爱，它现在却不可抗拒地，必然地向着西方沉落，最后燃烧的烈焰飞奔，浓烟缭绕，天空笼罩着一片无涯无际黑沉沉着火的乌云。映着豪光的长江，依然滚滚东流，从不折回，它没有追赶那追赶不到的，却追赶着黑暗。它背后的太阳，越过峡谷，落进那被它的光辉渲染成绚烂色彩的烟云里去了。江上升起茫茫淡墨色的雾。两岸间或闪现的灯光，在水天辉映的波影里，如梦如幻地抖颤。从荒凉绝壁降下来的淡紫色的黄昏和白浪滔滔的长江,进入比梦中甜蜜的想象更为神奇的黑暗里。

白昼是壮丽的,但是黑暗比白昼更壮丽。深沉的宁静中,充满了幻想,充满了希望。什么都没有,却包含着所有的一切,也包含着对它的惧怕和嘲笑。我注视着近处被轮船探路灯光照出的波浪,不断地互相碰碎,似乎是唯有碎裂才充满生命,才能奔腾,才能掀起冲天巨浪。而那从不碎裂的在幽暗星光下巨大而模糊的山岭,只能万古不变地伫立着。它们感到黑暗是如此的冰冷、沉重、浓厚,像巢居着鬼魅的莽石洞穴阴森可怕。而长江却是明了一切地、勇敢地向黑暗奔流。前面波浪的空缺,立即被后面的填补。因风的袭击而高高地扬起头来吼叫,不顾一切地向着旋涡扑去;因峡谷险峰的阻隔更加奔猛。我倾听着黑暗里波涛的轰响,感到它的孤独和悲壮。同时向我展示了一个永恒的伟大思想:

给万物以生命的光芒是灿烂的。而黑暗是孕育着那无比硕大太阳的母腹。

【赏析】

管桦(1922—2002),原名鲍化普,河北丰润人(今河北省唐山市丰润区)。毕业于华北联合大学文学系。生前曾任北京市作家协会副主席、主席,北京市文联主席,北京老舍文艺基金会会长,北京老舍研究会会长,一级作家,一级教授。主要作品有:中篇小说《小英雄雨来》《辛俊地》《管桦中短篇小说集》;诗画散文集《生命的呐喊与爱》《管桦神话、童话、传说》;长篇小说《将军河》。管桦爱好绘画,尤其以画墨竹著称,出版有墨竹画册《苍青集》。管桦还创作了许多歌词,由他作词的儿童歌曲《听妈妈讲过去的事情》《我们的田野》等,耳熟能详,传唱至今。

本文用优美和激情的笔调,借宇宙、大地、光明、黑暗之体,展示了深刻的哲理:白昼是壮丽的,但是黑暗比白昼更壮丽。给万物以生命的光明是灿烂的,而黑暗却孕育出那无比硕大的太阳。

王鼎钧

闲话六尺巷(节选)

六尺巷,一条六尺宽的巷子,由左右两家的界墙都退让三尺而成,一家姓张,一家姓吴,都是清朝的高官。为了界墙,两家本来相争,终于相让,由于张家高官写给子弟们一首诗:“一纸书来只为墙,让他三尺又何妨?长城万里今犹在,不见当年秦始皇。”

…………

且说这道墙,张家子弟接到京中回信,立刻把界墙退后三尺,这三尺应是市尺。这条巷子是多长呢,165米,长宽相乘,面积330平方米,这块地不算小。隔邻吴家一看对方礼让,也把界墙退后三尺。张家让步,受家训的压力,吴家让步,是受张家谦退的压力,等于间接受到张家家训的压力。张家的家训怎会对吴家产生作用?因为他们两家的文化背景相同。张家这一步固然可风可传,吴家这一步也可圈可点。

…………

六尺巷的故事有没有另一种结局?我曾设想,如果换一个舞台,换一班角色,当A家主动把界墙退后三尺,地方人士可能议论纷纷,认为A家主人失势了,斗不过B家了,他不会得到多少赞叹,有学问的人会指着那首诗,“不见当年秦始皇”,不祥的预兆,家运可能从此衰败。如果A家退后三尺,隔壁B家大概要充满胜利的喜悦,说不定把界墙向前推进三尺,占领A家放弃的土地。

…………

这样的事如果在纽约发生,剧情完全不同。住宅施工之前,早已用仪器把地界测量出来，在地上拉一条线，管你张府吴府，你想越过这条线，工程师坚决拒绝。如果邻居发觉你越界施工，可以向房屋局举发。房屋局一个电话，你得马上停工等待检查。即使是房子盖成了，你侵犯了邻居的产权，邻居告到法院，你得谋取和解，付出赔偿。如果对方坚决拒绝和解，你恐怕要拆房子，工程师恐怕要吊销执照。

如果，仅仅是如果，你发现对方越界反而让他三尺，他一定不会也退后三尺，他也不会跟进三尺，这三尺土地仍然是你的。这里只有三尺巷，没有六尺巷。住宅旁长巷窄如一线并非佳话，而是治安的死角，环境卫生的死角。巷内如果发生事故，你仍然要负责任。不过，很可能，你那个糟糕的邻居把一些剩余的建材堆在那三尺空地上；如果你十年不提异议，依纽约的法律，这三尺土地就是他的了，他就可以堂而皇之把这三尺土地围在他的界墙之内了。所以，在纽约，三尺巷也不长久。

【赏析】

王鼎钧，1925 年出生于山东兰陵，当代著名华文作家。他的创作生涯达半个世纪，散文、小说和戏剧著作近 40 种，尤以散文最丰、产量最大，被誉为“一代中国人的眼睛”“崛起的脊梁”。20 世纪 70 年代他的励志小品文“人生三书”《开放的人生》《人生试金石》《我们现代人》在台湾地区发行量达 60 万册。1949 年到台北，1978 年应新泽西州西东大学之聘到美，一直居纽约。

《闲话六尺巷》作者以古之佳话，借古说今。作者借清朝张吴两家互让“三尺”而筑墙，赞美了我国相互礼让的传统美德，继而描述了故事的不同结局，以阐明现实社会中做任何事，都必须遵法合规才能有“六尺巷”，也才能长久。

张洁

这时候你才算长大(节选)

人总是要生病的。

躺在床上,不要说头疼、浑身的骨头疼痛,翻过来调过去怎么躺都不舒服,连满嘴的牙都跟着一起疼;舌苔白厚、不思茶饭、没有胃口;高烧得天昏地暗、眼冒金星、满嘴燎泡、浑身没劲……你甚至觉得这样活简直不如死去好。

这时你先想起的是母亲。你想起小时候生病,母亲的手掌一下下地摩挲着你滚烫的额头的光景,你浑身的不适、一切的病痛似乎都顺着那一下下的摩挲排走了。好像你那时不管生什么大病,也不曾像现在这样的难熬,因为有母亲在替你扛着病痛;不管你的病后来是怎么好的,你最后记住的不过是日日夜夜守护着你生命的母亲,和母亲那双生着老茧、在你额头上一下一下摩挲的手掌。

你也不由得想起母亲给你做过的那碗热汤面。以后,你长大了,有了出息,山珍海味已成了你餐桌上的家常,你很少再想起那碗面。可是等到你重病在身而又茕茕孑立、形影相吊的时候,你觉得母亲自己擀的,那碗不过放了一把菠菜、一把黄豆芽、打了一个蛋花的热汤面,真是你这一辈子吃过的最美的美味。

于是你不自觉地向上仰起额头,似乎母亲的手掌即刻会像你小时那样,摩挲过你的额头;你费劲地往干涸、急需浸润的喉咙里咽下一口难成气候的唾液。此时此刻你最想吃的,可不就是母亲做的那碗热汤面。

可是,母亲已经不在了。

【赏析】

张洁，1937年生于北京，祖籍辽宁抚顺，幼年丧父，从母姓。中共党员，当代著名女作家。1960年毕业于中国人民大学，1978年开始文学创作。现为北京作家协会专业作家，美国文学艺术院荣誉院士，国际笔会中国分会会员，中国作协第四届理事，第五、第六届全委会委员、第七届名誉委员，享受政府特殊津贴。

著有散文集《爱，是不能忘记的》《方舟》、中短篇小说集《祖母绿》。长篇小说《沉重的翅膀》(获全国第2届茅盾文学奖，曾被译成德、英、法、瑞典等多种文字出版。长篇小说《无字》获第二届老舍文学奖、北京市第三届文学艺术奖，第六届茅盾文学奖。是迄今为止我国唯一荣获两届茅盾文学奖的作家。

张洁以“人”和“爱”为主题的创作，常常引起文坛的争论。她不断拓展艺术表现之路，作品以浓烈的感情笔触探索人的心灵世界，细腻真挚，优雅醇美。

“长大”是一个充满希望的词语，年少时的我们都渴望快快长大。“长大”又是一个概念很模糊的词语，回首过往，我们难免疑惑：到底怎样才算真正长大？在作者看来，长大并不是年龄的增长，而是学会独自品味生命的酸甜苦辣，一个人“天马行空，独来独往”，孤单而不孤独。文章中“生病”象征的是人生历程中的某个“节点”。在这一“节点”，我们明白了求人不如求己，就算身处逆境，也要坦然面对。可见，“长大”不能用年龄量化，也无法用阅历衡量，而是心态的蜕变，是挣脱一切枷锁与依赖之后的自由与独立。

陈若曦

乐山可以更乐(节选)

今年八月,应四川作家协会之邀,和内地、港澳地区作家一起赴乐山旅游。同行的台湾作家是九歌出版社总编辑陈素芳。

素芳初次来乐山,瞻仰千年大佛、东方佛都和峨眉金顶等名胜古迹,由衷敬仰,一路赞叹不已。大家相约看峨眉日出,不料夜里小雨,晨起云雾未散。登顶的人多失望而回,她却恋恋不舍,果然等到日头破云而出,喜得她笑不拢嘴。

我赞她是有福之人。二十多年前,我即来过乐山,也曾为看日出而夜宿金顶,可惜晨起细雨霏霏,终失望而回。这次以为可偿夙愿了,谁知忘了带安眠药以致彻夜未眠,精神不免恍惚。唯恐体虚添加同行者的挂心和负担,临时放弃。绝望吗? 不,下回再来!

二十多年不见乐山,变化很大,许多旧屋变了样,加上星级大饭店、佛都和缆车等,名胜古迹更显美丽、丰富也可亲多了。大家以为,乐山令人乐开怀,值得常来游览回味。

我今番有幸参观了一些新景点,包括故宫文物南迁史料陈列馆及武汉大学旧址。对后者尤有感触。

上世纪抗日战争时代,为了保存实力和调整战略,其时的国民政府迁到重庆,著名大学也纷纷搬到云南、四川等地。武汉大学的校本部就落在乐山的文庙,大学和教师办公室占据了大成殿,东西庑廊也成了部分课堂。1991 年,文庙被定为四川第三批文物保护单位,殿前东侧立了"武汉大学西迁纪念碑"。除了这座碑是新物,其他则是一片陈旧灰黯,了无生气。

据查，老霄顶下的文庙，古称嘉定府文庙，唐朝始建，明嘉靖年重建，现存的棂星门便是明代建筑，弥足珍贵。清朝重建大成殿，匾额留存至今，可惜殿内空荡荡。……文庙没了孔子牌位或塑像，沦为遗址未免可惜。

……

国务院于2004年在韩国首尔创办孔子学院，派出教师以教授中文。原计划海外创办60所孔子学院，但2012年已达358所了，显示中文已是国际热门文字。可能太热门了，有些地方出现疑虑，怕它是输出意识形态的工具，找借口关闭，如加拿大、美国就有个别大学这么做。……好在广大外国人都乐于学习中文，也仰慕孔子之名，孔子魅力不可挡，我们应引以为傲才是。

乐山美景堪称四川翘楚，文物古迹也不少，若把文庙加以整修，恢复祭孔并形成一个节日，搭配旅游营销，首先就会受到海内外华人的欢迎。天然美景加上文化内涵，最能提升旅游等级，乐山不用也可惜。旅游是无烟囱工业，环保之外还能赚钱，同时宣传自己，堪称一举三得，至盼乐山政府能推广是幸。

【赏析】

陈若曦，1938年出生于台湾木匠家庭，本名陈秀美，台湾大学外文系毕业，美国约翰霍普金斯大学写作系硕士。1960年与白先勇、王文兴等创办《现代文学》杂志，以写实小说闻名文坛。著有短篇小说集《尹县长》《城里城外》，长篇小说《归》《突围》，散文集《草原行》《生活随笔》等。

本文为作者二十多年前来乐山，因晨雨错过了在金顶观日出，感到惋惜；二十多年后见乐山星级饭店、名胜古迹更显美丽，全换新颜，见文庙被定为四川省第三批文物保护单位，殿内却没了孔子牌位或塑像，尤有感触。作者为此建议把乐山天然美景与传统文化结合起来，整修文庙，提升文化内涵，打造一个更“乐”的乐山，让中华文化更加发扬光大。

詹克明

生命需要等待

生命体是当今已知物质形态中有序程度达到最高级的体系，它拥有最复杂的结构，最精确的联系，最协调的配合，以及最完美的功能。

不过，越是高级有序的体系也往往越脆弱，其对外界环境的要求也越是严格，有时甚至近于苛刻。然而，这种严刻条件并不是任何时候都能得到满足的。因此，对生命体而言，它还必须同时具备另外一套生存本领，那就是等待。一旦环境恶劣，生命无法正常维持，它会借助某种方法，使之能够蛰伏潜藏，确保捱过难关，待到环境适宜之时再求发展。

一般说来，有序程度较为低级的生命体，对生存环境的要求也相对较低，其对恶劣环境的承受能力也会相应增强。因此，降低有序程度可以成为生命等待的有效手段。几乎所有最高等级植物都采用降序最为彻底的“种子”方式来保存生命。每一粒种子都是整个物种的生命微缩。这种缩影是“全息”的，它贮存了历史，也孕育着未来。

等待也是一种强韧的生命状态。

许多沙漠植物生命周期都很短促，它们能在下雨过后的短短几天内就完成一次生命全程。听甘肃的一位先生说，戈壁上有一种植物，只要一场雨，它就立即抽芽，急速地生根、长叶、开花、结果，仅在八天里就能完成一株显花植物全部的生命周期。此后，新一代的种子又会重新归于安静的等待。在这片一年也未必能下场透雨的戈壁滩上，也许等待了两年时间就是为了这历时八天的生命辉煌。对这些沙漠植物来说,也许等待反倒是生命的主要存在方式。当然,在植物界还有等待年代更为长久的种子,那就是古莲子。它们才是真正做到"千年等一回"的强者,这种坚韧顽健的生命力真让人肃然起敬。

生命必须包含等待,甚至可以说,没有学会等待的生命就不具备生存的资格。

等待是一种充满生命活力的"零级动态",如同一辆已发动了的汽车,它是处于"零速率"的动态,一松离合器就可启动。又像一座已达链式反应"临界"的核动力堆,它是处于"零功率"动态的核电站,一提控制棒就可以并网发电。"等待"是一种积极的预备状态。它时刻准备着,随时都在等候启动的信号。

等待者永远醒着。生命的等待既需要一种安于寂寞的静守,又需要一种审时度势的清醒。这是一种伺机而发的等待,一种充满着生命张力的等待。

【赏析】

詹克明,生于1939年,上海人,作家、核物理学家。著有长篇科普散文《敬畏自然》,为广大读者所熟知传诵。詹克明先生散文将科学与自然融会贯通互相印证,行文风格鲜明,哲理深刻。

在生活中每一个人都可能会遇到恶劣的生存环境,或者遭遇挫折与不幸,让我们从这篇文章中找寻用等待的心理去渡过难关、再求发展的心境吧。

雷抒雁

生死之间（节选）

…………

我永远不会忘记2001年9月6日下午5时。在中国作协十楼会议室的学习讨论中，我以一种近乎失态的焦灼，希望会议结束，然后，迫不及待地“打的”回到母亲的住处。快到家时，我又打电话过去，想尽快和母亲说话。铃声空响，我希望她是到楼下散步去了。

推开门，像往常一样，我喊了一声“妈妈”，无人应声。我急忙走进后边一个房间。妈妈呻吟着躺在地上。我扑过去，是的，是扑过去，一把抱起她，想让她坐起来，问她怎么了。她只是含糊不清地说着：“我费尽了力量，坐不起来了。”我看着床上被撕扯的被单，看着母亲揉皱了的衣服，知道她挣扎过。一切挣扎都无用。左边身子已经瘫了，无法坐住。她痛苦、无奈、无助得像个孩子。这个曾经十分刚强的生命，怎么突然会变得如此脆弱！

可是，无论如何，我明了那个下午我焦灼、急切、不安的全部原因。一根无形的线，生命之线牵扯着我的心。我没有听见妈妈跌倒的声音，没有听见妈妈呻吟的声音，没有听见妈妈呼叫声音，可我的心却如紊乱的钟摆，失去平衡，以从未有过的急切，想回到妈妈的身边去。也许，只要她的手触摸一下我，或者，她的眼神注视一下我，我心中失控的大火就会熄灭。

仅仅两天之后，当妈妈咽下最后一口气，永远地告别了她生活了81年的这个世界的时候，我觉得，我生命的很大一部分走了，随着她，被带走了。我猜想，一个人的理论生命也许会很长，但他就这样一部分一部分被失去的亲人、失去的情感所分割，生命终于变得短暂了。

没有医药可以医治心灵的伤痛。也许只有“忘记”。可是，对于亲人，要忘记又何其难！只好寻求书籍、寻求哲人，让理性的棉纱，一点一点吸干情感伤口上的血流。那些关于生与死的说教，曾经让我厌恶过，现在却像必不可少的药物，如阿司匹林之类，竟至有了新的疗效。

有一则关于死亡的宗教故事。说有一位母亲，抱着病逝的儿子去找佛陀，希望能拯救她的儿子。佛说，只有一种方法可让你的儿子死而复生，解除你的痛苦：你到城里去，“向任何一户没有亲人死过的人家要回一粒芥菜子给我”。

那被痛苦折磨愚钝了的妇人去了。找遍了全城，竟然没有找回一粒芥菜子。因为，尘世上没有没失去过亲人的家庭。佛说，你要准备学习痛苦。

痛苦，需要学习吗？是的。快乐，像是鲜花，任你怎么呵护，不经意间就凋零了。痛苦，却如野草，随你怎么刈割，铲除，终会顽强地滋生。你得准备，学习迎接痛苦、医治痛苦、化解痛苦。让痛苦“钙化”，成为你坚强生命的一部分。

不过，这将是困难和缓慢的学习，你得忍住泪水。

【赏析】

雷抒雁(1942—2013)，陕西泾阳人，当代诗人、作家。毕业于西北大学中文系。其成名作是纪念张志新而写的长诗《小草在歌唱》。任中国作家协会第五、六、七届全委会委员，2012年5月任中国诗歌学会会长，并担任中国作协诗歌专业委员会主任。曾任《诗刊》社副主编、鲁迅文学院常务副院长。先后出版诗集《小草在歌唱》《父母之河》《云雀》《激情编年》等，散文随笔集《悬肠草》《写意人生》《分香散玉》等，获得过人文文学奖、中宣部“五个一”工程奖等文学创作奖。

《生死之间》是一篇回忆性散文，作者手法细腻、感情真挚，又饱含哲理，表达了丧母之痛和对母亲深深的怀念，为当代散文佳作。

冯骥才

时　光（节选）

今晚突然停电，摸黑点起蜡烛。烛光如同光明的花苞，宁静地浮在漆黑的空间里；室内无风，这光之花苞便分外优雅与美丽；些许的光散布开来，朦胧依稀地勾勒出周边的事物。没有电就没有音乐相伴，但我有比音乐更好的伴侣——思考。

可是对于生活最具悟性的，不是思想者，而是普通大众。比如大众俗语中，把临近年终这几天称作“年根儿”，多么真切和形象！它叫我们顿时发觉，一棵本来是绿意盈盈的岁月之树，已被我们消耗殆尽，只剩下一点点根底。时光竟然这样的紧迫、拮据与深浓……

…………

我瞪着眼前的重重黑影，使劲看去。就在烛光散布的尽头，忽然看到一双眼睛正直对着我。目光冷峻锐利，逼视而来。这原是我放在那里的一尊木雕的北宋天王像。然而此刻他的目光却变得分外有力。他何以穿过夜的浓雾，穿过漫长的八百年，锐不可当、拷问似的直视着任何敢于朝他瞧上一眼的人？显然，是由于八百年前那位不知名的民间雕工传神的本领、非凡的才气；他还把一种阳刚正气和直逼邪恶的精神注入其中。如今那位无名雕工早已了无踪影，然而他那令人震撼的生命精神却保存下来。

在这里，时光不是分毫不曾消逝吗？

植物死了，把它的生命留在种子里；诗人离去，把他的生命留在诗句里。

时光对于人，其实就是生命的过程。当生命走到终点，不一定消失得没有痕迹，有时它还会转化为另一种形态存在或再生。母与子的生命的转换，不就在延续着整个人类吗？再造生命，才是最伟大的生命奇迹。而此中，艺术家们应是最幸福的一种。唯有他们能用自己的生命去再造一个新的生命。小说家再造的是代代相传的人物；作曲家再造的是他们那个可以听到的迷人而永在的灵魂。

此刻，我的眸子闪闪发亮，视野开阔，房间里的一切艺术珍品都一点点地呈现。它们不是被烛光照亮，而是被我陡然觉醒的心智召唤出来的。

其实我最清晰和最深刻的足迹，应是书桌下边，水泥的地面上那两个被自己的双足磨成的浅坑。我的时光只有被安顿在这里，它才不会消失，而被我转化成一个个独异又鲜活的生命，以及一行行永不褪色的文字。然而我一年里把多少时光抛入尘嚣，或是支付给种种一闪即逝的虚幻的社会场景，甚至有时属于自己的时光反成了别人的恩赐。检阅一下自己创造的人物吧，掂量他们的寿命有多长。艺术家的生命是用他的艺术的生命计量的。每个艺术家都有可能达到永恒，放弃掉的只能是自己。是不是？

迎面那宋代天王瞪着我，等我回答。

我无言以对，尴尬到了自感狼狈。

忽然，电来了，灯光大亮，事物通明，恍如更换天地。刚才那片幽阔深远的思想世界顿时不在，唯有烛火空自燃烧，显得多余，再看那宋代的天王像，在灯光里仿佛换了一个神气，不再那样咄咄逼人了。

我也不用回答他，因为我已经回答自己了。

【赏析】

冯骥才，1942 年生于天津，浙江宁波人，中国当代著名作家、画家、文化学者，是“文革”后崛起的“伤痕文学”代表作家，1985 年后以“文化反思小说”对文坛产生深远影响。他已出版各种作品集近百种，其中《啊》《雕花烟斗》《高女人和她的矮丈夫》《神鞭》《三寸金莲》《珍珠鸟》《俗世奇人》等均获全国各类文学奖，《感谢生活》获法国“女巫奖”和“青年读物奖”，并获瑞士“蓝眼镜蛇奖”。由他的作品《炮打双灯》改编的同名电影获“夏威夷电影节”和“西班牙电影节”奖，作品被译成英、法、德、意、日、俄、荷、西等十余种文字，在海外出版各种译本四十种，有多篇文章入选国内各类版本教材。

本文从停电燃烛起笔，引发思考，以来电打断思考收尾，前后呼应，首尾圆合。中间紧扣“思考”，按时间顺序行文，思路明晰。艺术家可以通过创造出永恒的作品来实现生命不朽的结论，点明主旨。本文采用以小见大的手法，通过对一尊小小的木雕的刻画和思考，揭示出“生命可以永恒”的道理。作者绕过生硬的说教，将抽象的道理具体化，给读者以深刻的印象，展现了很好的艺术效果。作者善于从小事着笔，借一次停电事件挖掘出深刻的生活领悟，由事即理，以小见大，表现了高超的艺术技巧。

谢大光

落花枝头（节选）

……………

啊，这些正在开放的花朵、正在成熟的果实，多像一群天真烂漫、无忧无虑的孩子。可是，一阵微风吹过，我感到点点水珠洒落下来。这是花儿果儿们的泪水吗？水珠洒落地上，地上是一片落花的世界。是了，花果洒泪是在向落花依依惜别，是在感激落花的深情。落花静静地躺在大地的怀抱，那么坦然，那么安宁，火红的花瓣在雨水中浸得发胀，将黑黑的泥土染成一片绯色。我第一次注意到落花景象是这般壮丽，它的内在的美好情操震颤着我的心。昨天，也许它还在枝头上为花蕊挡风遮雨，那艳丽的容貌，芬芳的呼吸，引来蜂蝶，传送花粉，孕育新生。今天，新的生命开始生长了，为了让果实得到更多的阳光和养料，它毫不留恋枝头的繁华，在斜风细雨中翩然飘落。躺在地上，它还在翘望枝头，看到果实替代了它原来的位置，依然显示着生命的美好，它放心了，落而无憾。它放心了，却没有忘记自己的归宿，将自己和朴实的大地融为一体，又在准备滋养明年的花了。“落红不是无情物，化作春泥更护花。”〔2〕龚定庵〔3〕的心和落花可谓相通。人常说：开花结果。殊不知，花落了，果实才能成熟。据说有一种火石榴树，开起花来复瓣繁英，十分好看，却是从来不结果的。从这个意义上来说，落花正是新生的标志，实在值得大书特书。还是这个龚定庵，在另一首落花歌中，就曾经发出“安得树有不尽之花更雨新好者，三百六十日长是落花时”的感慨。

然而，千百年来，关于落花的诗却多是伤感的，哀惋的。黑暗的时代，狂暴的风雨，常令未果之花备受挫磨而夭谢，于是，“流水落花春去也”，“无可奈何花落去”，……就成了千古名句。它们的作者，或是落魄文人，怀才不遇，只好将花喻己，舒解愁肠。君不见，《红楼梦》中“埋香冢飞燕泣残红”，黛玉小姐的一首葬花词，哭痴了多少人的心。对于摧残人才，践踏新生的社会，这是一个曲折的控诉和抗争。今天，这样的时代应该是过去了。我们的国家如同这缀着晨露的石榴树，花果同枝，生机蓬勃。每个人都应该是一朵花，该开时，尽心竭力地开，该落时，坦坦荡荡地落，无论是翘立枝头，还是俯身泥土，都不忘培育新生的使命。这样，我们的事业就会新陈代谢，永葆青春的活力。

细微的簌簌声打断了我的遐想，又是几片飞红飘落下来。“落花辞树虽无语，别倩黄鹂告诉春。”多情的落花委托黄鹂向春天嘱咐什么呢？请明年再枝头上看吧，那满树的繁花硕果就是答案。

【注释】

〔1〕“落红不是无情物，化作春泥更护花”：出自龚自珍《己亥杂诗》。

〔2〕龚定庵：即龚自珍（1792—1841），字瑟（sè）人，号定盦（ān）。

【赏析】

谢大光，1943 年生，山西临猗人，1962 年毕业于河北工学院电力系，同年应征入伍。曾任《散文》月刊编辑；百花文艺出版社编辑、副组长、编辑室主任、副总编辑；《小说家》编辑部副主任、主编；《中外散文选萃》主编，副编审。中国散文学会常务理事，1986 年加入中国作家协会，中国作家协会天津分会理事。代表作有《落花》《流水》《谢大光散文》《谢大光序跋》等。散文《鼎湖山听泉》选入上海市高中语文教材及苏教版九年级上语文教材。

本文唱了一曲“落花”的赞歌，主要赞美了“落花”为花蕊挡风遮雨，孕育新生，但却不留恋于枝头的繁华，也不夸耀自己的功绩，它落而无憾，更准备滋养来年的花。

杨闻宇

黄河臆象(节选)

摊平我国地图,从东北向西南、自东南往西北,平直绷起两根细线,线的交点恰巧是兰州的所在地。黄河九曲,逶迤数千里,它只正儿八经地穿了一座城市:兰州。

在晴朗的日子里,百里长街,市声如沸,流经闹市的黄河则是悄无声息的。不甚透明的水纹盘旋交织,沉默平稳的波痕在朝晖夕照里犹如铜汁浇铸的块状肌腱,透出凝重的粗犷的血色,流动成浩浩的、浑厚的一派,仿佛千万条汉子衔枚疾进,无声地运行。人们看不出别的迹象,只看见瓷实的、富于弹性的肌腱在起伏、在抖动,强悍雄劲却不暴戾,元气勃勃而不响动。——一切怀有巨大追求的生命,常常是无声的。

“不到黄河心不死”,“跳到黄河洗不清”,小时节,我听到父辈动不动念叨黄河,心里也觉着黄河了不得。读书时,耳畔啥话都有,有人说黄河是一支剽野的黄肤色的歌,有人说它是长长的一线泪滴、深深的一声喟叹,也有人说它是月亮下神话里的一条龙……我想往黄河,以为今生今世能见它一眼,就知足了。没料想成人之后,我这生命的火星儿溅离父母之邦,西掷千里,住进兰州,居然与北国大地上最古老、最有声望的大河相依为邻了。夕照下,风地里,雨天,雪天,我独自在河滩里逍遥漫步,纵览这亘古不息的、不舍昼夜的活的巨物,聆听这似乎无言、却分明有意的弦外之音,久而久之,我的情绪便有了些神秘的变动。

——黄河,是大海以它倔犟的手指深深地抠进陆地里的一个“大问号”。这问号在兰州形成稽考历史的第一个锐利弯钩，钩起一连串的积淀物：踏波跳浪的羊皮筏子，策驼西上的汉使张骞，120 丈铁缆的镇远桥铁柱，湖湘子弟栽植于 3 000 里征途中的左公柳，兰州战役时在炮火中旋动不已的大型水车……这些记载过我们民族的年代的实物，有的化作了濒水而立的花岗岩石雕，有的尚绵延着一线活气，对“问号”努力进行解释。

——黄河，又是天际一霎闪电掣开的鞭影，鞭杆攥在汪洋的掌心里(渤海是汪洋紧握的拳头)，鞭梢抽打在一个微微耸起的背脊上。在兰州，黄河并不是箭杆式地插城而过，每于人迹稀寥处趄个大弯，长的波痕便斜倾如熊腰，低吼喑呜，拍石崩岸，狂不可羁，这一种地上没有路便要踢开一条路、前方没有海自己便要成一个海的霸王气概，着实惊人！黄河在兰州，并不晓得前程上还有横流四衍的壶口、有“平地一声雷”的龙门、有大禹神斧劈裂的三门峡。浪未至而气先凝，这一条由海魂挥动着的闪电似的长鞭，它那征服一切的气度是先天具备的。

【赏析】

杨闻宇，1943 年生于陕西关中乡村，著名军旅作家。1969 年毕业于西北大学中文系。1976 进入兰州军区政治部从事专业文学创作。1991 年加入中国作家协会。先后写过各类体裁的文学作品，而今喜好散文，着力于散文。获得首届中国西部散文奖。有百余篇散文作品被各类文库、大系、选本收录。最擅长的还是写与军旅有关的文章，那种浩然正气，一腔热血，表现在散文里，就是文体上的气势雄浑，文笔飞扬，立意构思上的别有洞天，自出新意。

本文描写黄河兰州段之景，表现了黄河悄无声息却又强悍雄劲的特点。以“黄河臆象”为题，表明文章写的主要是黄河之“神”而非“形”，是人们心目中而非地理学意义上的黄河。

韩静霆

听　泉（节选）

“二泉”从前只是穷道士沿街卖艺的一支曲子，如果不是遇到杨荫浏先生，那音乐的“泉水”不知会在哪儿幽咽断流了。我在音乐学院学琴的时候，老先生杨荫浏的学养和人品极为师生尊崇。杨荫浏和阿炳（华彦钧）之间的理解与默契，是人间知音的绝唱，俞伯牙与钟子期也不能相比。换句话说，琴师俞伯牙倘若遇到杨荫浏，就大可不必恨世无知音摔碎瑶琴了。杨荫浏是在建国初期为抢救濒临灭绝的文化遗产，寻访阿炳的。背着笨重的录音机，他和阿炳谈心，谈艺，谈琴。用那时候流行的“履带”般的录音机带，录下了阿炳的曲子。这首曲子无题，阿炳让杨先生取个题目，杨先生思忖了片刻说，就叫做《二泉映月》吧。

可以想象这时候阿炳是多么感动和惊奇，他那深陷的眼窝红了，几乎要流出“泉水”了，面前这位先生不仅听懂了他，把他的琴声录下来，让他的音乐永远活着，而且，一语点睛，戳动了他的心泉之门。是呵是呵，这娓娓动听的音乐，不是映月的天下第二泉又是什么？泉水一冲出深山罅隙，月光扑了过来。一轮梨花月变成了液体。揉碎了的月光，叮叮咚咚唱着歌，奔跑跳跃在惠山的绿竹林青草地。忽然从高高的石崖向下“蹦极”，珠玉四溅；忽然在花丛间潜伏蛇行，若断还连，幽幽咽咽的；忽然又在光滑的鹅卵石溪床上跳着轻盈的舞步，带着小鱼，携着蝌蚪，跑向山外的世界……音乐在胡琴的三个把位回还，如曲水流觞。装饰音和滑音机智乖巧，似鱼嬉水草。抖弓细碎流畅，清流里有诉不尽的柔情。《二泉映月》是回旋曲式，让人把醉人醒泉回味品咂个够。更要紧的是,杨先生听着盲人音乐家心泉的律动,深深感觉到了阿炳对生命和自然的热爱,也听到了涌动的泉水里,有一点儿淡淡的哀伤。

阿炳和杨荫浏都已经离我们远去了,可映月的二泉还奔涌在我们的生命和生活中。记得,这首美妙绝伦的乐曲使著名指挥家小泽征尔由衷倾倒,他说过,《二泉映月》应当跪下来听。是的,此曲只应天上有,人间哪得几回闻?也许,唯有双膝跪倒,才可以聊表心中的虔敬和感激。我们感激创造美的阿炳和发现美的杨荫浏。阿炳开掘出了他心中独一无二的音乐泉,杨荫浏牵着"泉水"的手,出了山。

【赏析】

韩静霆,1944年出生于吉林东辽,祖籍山东高唐,中国电影编剧、作家。1968年毕业于中国音乐学院民族器乐系。1973年应征入伍,历任北京军区炮兵政治部干事,军委空军政治部文艺创作室创作员、副主任、主任,大校军衔。中国作家协会全国委员会委员,农工民主党东方书画社社长。1973年开始发表作品。他的主要作品有长篇小说《凯旋在子夜》(改编后的电视连续剧,荣获大众电视金鹰奖),中篇小说《战争,让女人走开》以及电影、电视连续剧《大出殡》《市场角落的"皇帝"》《孙武》等。由韩静霆作词的歌曲《今天是你的生日》唱响中国,家喻户晓。

《听泉》是一篇介绍不朽的传世之作《二泉映月》的散文。作者首先从演奏《二泉映月》先声夺人的感受说起,是音乐天才阿炳用自己对自然的热爱,对生命的感悟,创造了这不朽的经典,音乐的"清泉";是音乐理论家杨荫浏先生发现了它,听懂了它,记录了它,并为它命了一个确切又充满诗意的名字《二泉映月》。从此,"泉水"流出了山涧,美妙的音乐得以流传,成为中国十大古典名曲之一。作者借用世界著名指挥家小泽征尔的评价,高度赞扬了《二泉映月》这首乐曲的美妙绝伦,它的崇高地位,使得每一个欣赏者必须心存虔敬和感激去听。

申力雯

经营生命(节选)

人们不同的主要是不同的人生阶段,各自不同的感受。年轻人由于人生的终点于他们遥远而飘渺,他们以为拥有的是生命的永恒。中年人辛苦奔劳、野心冲动,生活把他们历练得粗粝而务实。老年人因已看到了不远的地方就是归宿,他们或悲哀或恐惧或无奈,当然也有人能超越红尘而归于平淡自然。

生命是什么?生命就是捧在手里的水,从我们拥有生命那一刻起,我们的十指无论怎样拼命地靠拢,怎样小心翼翼,水还是一点一滴地渗漏,这是挡不住的丧失。

生命又是一笔上帝给每个人放在银行里的储蓄。究竟它有多少?没有人在生前知道,但有一点是真实的,我们都在一天天地消费它,直到有一天生命出现了赤字。生命是不确定的,我们唯有分分秒秒地把握,把每一个日子都当成一个快乐而充实的节日。

人生有不同的地段,青春正如王府井大街这块黄金地段,不仅要开拓,同时也要学会节俭含蓄。青春是经不起挥霍的,它不仅太少太贵而且又薄又脆。青春是回眸醉心的一瞬。

中年的发展基础是稳定,中年的大禁在于夸张生命,中年的市场时而会出现假冒青春的品牌,这不仅滑稽而且悲哀。中年的品牌,品质只能是中年。中年的误区是比较,人与人之间是没有可比性的,重要的是建设内心的自信凝重与安详。中年的明智在于干自己想干的,干自己能干的,只要干得好,干什么都好。

人生最难耐的是老年,一个女人从姑娘到媳妇到老太太,这意味着一个女人的路已走到尽头。男人也是如此。不过一个女人的老年比男人的老年要好过得多,当女人退回到家庭的王国她会依然自信与快乐。而男人往往无所适从,因为他们太看重社会舞台。这时一种可怕的心理补偿及返老还童的心态油然产生,如果这种心态过于强烈,就不仅荒唐而且有损健康,"冬行春令实属不祥",优雅庄严的老化是老年自爱的选择。

老年人你们手捧的水及银行里的储蓄都所剩不多,你要节俭生命开支,要小心翼翼关照自己的身体,要尽力收敛你的阳光,让它尽量温暖自己,唯恐不及,能够健康、自理、自得其乐的老人是幸福的。

老年人最富裕的就是时间,让日子悠悠地过吧,慢慢地会澄清出一种醇香,岁月筛下的是生命的真情,这时,展现在你眼前的是生命的全景图,清新明亮。所有的秘密都已揭开,所有的乌云密布的日子都已云淡风清。

【赏析】

申力雯(1944—2015),出生于河北省秦皇岛,北京著名女作家,国家注册医师,中国作家协会会员。1968 年赴乡村插队务农,1970 年从师学习中医。1992 年加入北京作家协会,1993 年加入中国作家协会。具有代表性的获奖作品有:《京城闲妇》、中篇小说《女性三原色》、短篇小说《梅太太的宅院》、中篇小说《五十岁的男人》《牙买加的灯火》等。

作为北京人她喜欢逛胡同,喝隆福寺的豆汁就咸菜丝,至于那些滑过眼前的轰动与时髦,在申力雯看来不过是灯红酒绿的一种奢靡,她把这种生活看成回炉的奶油蛋糕,她小心地把它切成细块,然而移到旁边。申力雯在自己的生活里,消解自己的东西,在属于她的房间里铺满了细碎的阳光。她是个以尊重艺术、尊重生活,注重教化人心的女作家。

作者写"经营生命","经营"意味着要用心去谋划,带有强烈的目的性,只有感悟到了生命之于个人的重要意义,个体才能主动地去经营生命,珍视生命。这样写,内在逻辑严密,显得水到渠成。

冬日香山(节选)

…………

这里,我春天时来过,是花的世界;夏天时来过,是浓阴的世界;秋天时来过,是红叶的世界。而这三季都游客满山,说到底是人的世界。

现在可好,无花,无叶,无红,无绿,更没有人,好一座空落落的香山,好一个清净的世界。

过去来时,路边是夹道的丁香,厚绿的圆形叶片,白的或紫色的小花;现在只剩下灰褐色的劲枝,头挑着些已弹去种籽的空壳。过去来时,林间树下是厚厚的绿草,绒线地由山脚铺到山顶;现在它们或枯萎在石缝间,或被风扫卷着聚缠在树根下。过去来时,山坡上是些层层片片的灌木,扑闪着已经霜红的叶片,如一团团的火苗,在秋风中翻腾;现在远望灰蒙蒙的一片,其身其形和石和土几乎融在一起,很难觅到它的音容。如果说秋是水落石出,冬则是草木去而山石显了。在山下一望山顶的鬼见愁,黑森森的石崖,蜿蜒的石路,历历在目。连路边的巨石也都像是突然奔来眼前,过去从未相见似的。可以想见,当秋气初收,冬雪欲降之时,这山感到三季的重负将去,便迎着寒风将阔肩一抖,抖掉那些攀附在身的柔枝软叶。又将山门一闭,推出那些没完没了的闲客。然后正襟危坐,巍巍然俯视大千,静静地享受安宁。我现在就正步入这个虚静世界。苏轼在夜深人静时去游承天寺,感觉到寺之明静如处积水之中,我今于冬日游香山,神清气朗如在真空。

…………

当我登上山顶时回望远处，烟霭茫茫，亭台隐隐，脚下山石奔突，松柏连理，无花无草，一色灰褐。好一幅天然焦墨山水图。焦墨笔法者舍色而用墨，不要掩饰只留本质。你看这山，它借着季节相助舍掉了丁香的香味，芳草的倩影，枫树的火红，还有游客的捧场。只留下这长青的松柏来作自己的山魂。山路寂寂，阒然无人。我边走边想，比较着几次来香山的收获。春天来时我看她的妩媚，夏天来时我看她的丰腴，秋天来时我看她的绰约，冬天来时却有幸窥见她的骨气。她在回顾与思考之后，毅然收起了那些过眼繁花，只留下这铮铮硬骨与浩浩正气。靠着这骨这气，她会争得来年更好的花，更好的叶，和永远的香气。

香山，这个神清气朗的冬日。

【赏析】

梁衡，1946年生，山西霍州人，1968年毕业于中国人民大学。著名散文家、学者、新闻理论家、政论家和科普作家。曾任《内蒙古日报》《光明日报》记者、国家新闻出版署副署长、《人民日报》副总编辑。现任中国人民大学新闻学院博士生导师、中国作家协会全委会委员、中国记者协会全委会常务理事、人教版中小学教材总顾问。代表作有《觅渡，觅渡，渡何处》《大无大有周恩来》。曾荣获全国青年文学奖、赵树理文学奖、全国优秀科普作品奖和中宣部"五个一"工程奖等多种荣誉称号。2018年12月，荣获第六届范敬宜新闻教育奖。

本文写了作者冬日登香山的独特的感受。为突出冬日香山的特点，文中多次把它同春夏秋三季的香山景象进行对比，写出了冬日香山万物凋零却依然伟岸、清净，呈现出铮铮硬骨与浩浩正气。

道士塔(节选)

这二十九个大木箱的稀世文物，所支付给王圆箓的全部价钱，我一直不忍心写出来，此刻却不能不说一说了。那就是，折合成了银子的差不多三十英镑！但是，这点钱对王圆箓来说，毕竟比他平时到荒村野郊去化缘的所得多得多了。因此，他反而认为这位“斯大人”是“布施者”。

斯坦因向他招过手，抬起头来看看天色。

一位年轻诗人写道，斯坦因看到的，是凄艳的晚霞；那里，一个古老民族的伤口在流血。

我又想到了另一位年轻诗人的诗——他叫李晓桦，诗是写给下令火烧圆明园的额尔金勋爵的：

我好恨
恨我没早生一个世纪
使我能与你对视着站立在
阴森幽暗的古堡
晨光微露的旷野
要么我拾起你扔下的白手套
要么你接住我甩过去的剑
要么你我各乘一匹战马
远远离开遮天的帅旗
离开如云的战阵
决胜负于城下

对于斯坦因这些学者，这些诗句也许太硬。但是，除了这种办法，还有什么方式能阻拦他们呢？

我可以不带剑，甚至也不骑马，只是伸出双手做出阻拦的动作，站在沙漠中间，站在他们车队的正对面。

满脸堆笑地走上前来的，一定是蒋孝琬。我扭头不理他，只是直视着斯坦因，要与他辩论。

我要告诉他，把世间文物统统拔离原生的土地，运到地球的另一端收藏展览，是文物和土地的双向失落、两败俱伤。我还要告诉他，借口别人管不好家产而占为己有，是一种与军事掠夺没有什么区别的文化掠夺……

【赏析】

余秋雨，1946 年 8 月 23 日生于浙江余姚，现任澳门科技大学人文艺术学院荣誉院长。中国著名文化学者，理论家、文化史学家、散文家。1966 年毕业于上海戏剧学院戏剧文学系。1980 年陆续出版了《戏剧理论史稿》《中国戏剧文化史述》《戏剧审美心理学》。1985 年成为当时中国大陆最年轻的文科教授。1986 年被授予上海十大高教精英称号。1987 年被授予国家级突出贡献专家的荣誉称号。2011 年被授予甘肃联合大学荣誉教授。主要著作有《戏剧理论史稿》《文化苦旅》《文明的碎片》《秋雨散文》《山居笔记》等。

莫高窟是我国最著名的佛教石窟，历经一千多年的历史，是我国文化艺术的一大宝库，但是，很多的珍贵文物在当时并没有得到应有的保护，致使其中的大部分先后流散到英、法、俄、日等国。1944 年，国立敦煌艺术研究所成立，标志着敦煌莫高窟保护与研究工作的正式开始，并逐渐形成了一门新的学科——敦煌学。在这篇带着幽怨的散文中，作者通过对敦煌文献的散失的记述，表达了对中国文化的沉重回顾。

周涛

大树和我们的生活（节选）

……

如果你的生活中周围没有伟人、高贵的人和有智慧的人怎么办？请不要变得麻木，不要随波逐流，不要放弃向生活学习的机会。因为至少在你生活的周围还有树——特别是大树，他会教会你许多东西。一棵大树，那就是人的亲人和老师，而且也可以毫不夸张地说，它就是伟大、高贵和智慧。

……

我甚至觉得没有什么哲学比一棵不朽的千年老树给人的启示和教益更多。同样是生命，树以静以不言而寿，它让自己根扎大地（根据地）并伸出枝叶去拥抱天空，尽得天地风云之气。相比之下，人愚蠢而又浅薄，人一生都在说话，声嘶力竭，奔走呼号，没有人肯静下来想一想，没有人想到向树学习点什么，在人的心目中，树是傻瓜。那么在树的心目中人是什么东西呢？不清楚。能够清楚的是，树的存在为人们贡献了自己的全部，从枝叶到花果根干，却也从未向人们索取过什么。许多家畜供人驱使食用，但同时也靠人喂养照料。树本来是用不着人养的，它在大自然中间活得好好的，姿态优美，出神入化。那些绝崖石缝中斜逸而出的美松树是靠人养活栽种的吗？谁敢到那种险处去呢？树甚至连恳求人们不要砍伐它的意思都不曾流露——那是锯子在尖叫而不是树在尖叫。

等到大树被伐倒了，人们看到了它的心——年轮，一圈一圈，岁月的波纹荡漾，生命的记忆永存。这时候，略有悟性和良知的人就全明白了：树绝不是麻木的，而恰恰是有灵有智的。它虽不语不行，心里面却比谁都清楚。它与山河大地、飞禽走兽、风云雨雪雷电雾的关系，比人更深入、更和谐。它是处理这些复杂关系的大师。

它不靠捕杀谁、猎获谁而生存，但它活得最长久。这可真不是一件简单的事儿，它连草也不吃，连一只小虫子的肉也不吃，但它却能长得最高大、最粗壮、最漂亮。这才是奇迹呢，树不用吃饭。真正有生命活力的大树全都已经与天地风云融为一体了，它与山河共呼吸，取万物之精气，反过来又养育万物；得日月之灵华，结果又陪衬日月。若是说什么气功，树才是真懂气功的大师。要说什么"天人合一"，人类不过从树那儿学了一点皮毛。

我在塔克拉玛干边缘的墨玉县见到过一棵八百年的梧桐树王，那样干旱的沙漠边缘，它得有多么大的修行才能活过来呀？何况它不仅活着，而且枝叶繁茂，生机勃勃，它像一个巨人一样健康地屹立着，襟怀博大，人和梯子在它脚下显得极其可笑。

它的王者风范不是靠什么前呼后拥的虚势造成的，它靠它的阅历、它的顽强生命力，它的光辉的生命形态，使人望之而生敬仰之心、爱慕之情，使认识到伟大、高贵、智慧这些词语从人类头脑中产生时的本意。

但是树和人一样，同样有各式各样的苦难伴随，除了被砍伐之外，还有各种艰难。在天山南麓温暖干燥的农村，白杨是路边、渠旁、屋后、田畔常栽的树，它绿叶飒飒直耸高天。可是有一年冬天，南疆奇冷，这些适应了温暖干燥气候的白场经历了打击。有些已经非常粗壮、高大的白杨被生生从中间冻出一条裂缝，裂缝一指宽，从树这边透过裂缝可以一眼看到那边的农田。

…………

你细细端详这些巨大的柳树，会从它们每一棵树的态雄姿上，找到左宗棠的神韵，一派大人物风范。我当时就颇觉疑惑，心想，难道树也会遗传栽树人的风貌吗？要是果然如此，那树就是通神通灵的生物了。

看来我们对它们了解得还远远不够。

【赏析】

周涛，生于1946年，当代著名诗人、散文家。祖籍山西，少年时迁居新疆。出版诗集、散文集四十部。曾荣获第二届、第三届、第七届中国人民解放军文艺奖，第二届全国新诗奖，第一届鲁迅文学奖散文奖及其他多种奖项。中国作家协会五、六、七届全国委员会委员。历任新疆维吾尔自治区文联副主席、作协副主席，兰州军区创作主任兼新疆军区创作室主任，一级作家。

自然，它不仅仅给我们提供了生存的物质条件，还滋养着我们的精神世界。文中所写大树高贵的气质、不朽的历史、博大的胸怀、坦然承受苦难的坚韧精神值得我们去细读，我们在生活中要向大树学习，学习它们在生长中积淀的优秀品质，从而使我们自己的生活更加有价值。

陈所巨

烟雨桃花潭[1]（节选）

桃花潭早在神往之中，每每由凝思进入幻境，将自己化成汪伦、李白，或岸上，或舟中，送人或被人送着，一样的难分难舍、别情依依。

真到桃花潭来了。一个暮春的雨天，雨是江南独有的，似雨似雾，丝丝缕缕；桃花潭也是江南独有的，在青弋江上，在蒙烟细雨和莽莽苍苍的历史之中。穿过水东翟村[2]，出踏歌岸阁。面前便是墨青色无声的青弋江，背后是青青的生满益母草的踏歌古岸。我知道，在另外的时空，在另外一个桃花盛开的暮春，李白立在船头，就是那种江南特有的小小的梭子船，他的眼睛里有一滴雨一样亮的泪水；汪伦在岸上，踏着江南特有的节奏，唱一首据说是很久很久以前就有的送别歌。在他们身边，江水悠悠地流淌，桃花灿烂地盛开，小雨牵肠挂肚地下着。李白再也忍不住了，那首《赠汪伦》[3]的诗就顺口流出来，而且就那样平平仄仄脍炙人口地流传千载。

不见有潭，只有联袂而来，一版墨青的江水，原来春夏水涨，将对岸那潭与青弋江连为一体了。桃花依然像古代那样地开着，在岸边，在水里，在那种烟雨迷蒙的意境之中，静静的濡染着生命的嫣红。我突然想起，江水和桃花和谐组合的桃花潭，似乎是在静静地等待着什么。是等待我呢，还是大唐的李白？

李白当时住在宣城，“相看两不厌，只有敬亭山”[4]，觉得没有什么意思。但他忽然收到汪伦顺着青弋江漂来的书信。信曰“先生好游乎？此地有十里桃花；先生好饮乎？此处有万家酒店”，就欣然溯江而来。到翟村一看，并不似信中所言。汪伦说他的信没错。离此十里有个桃花渡，岂非“十里桃花”？对岸的万村有家姓万的人开的酒店，莫不是“万家酒店”？李白大笑，不仅笑中国文字机巧无穷，也笑江南人的机智和诙谐。

细雨霏霏，如小猫舌头凉凉地舔着面颊。江水墨青地静，偶尔贴一朵无声的小旋涡。江南的蒙烟细雨最是缠缠绵绵地难以招架。那古意盎盎的水村山廓和许多心绪，也都湿漉漉让人难以招架了罢！上游百米处，三两牧童骑在水牛背上，悠悠地由江水驮过江去，水面只剩一弯盘角的牛头和戴小斗笠的牧童的上半身。那情景，似在李可染水墨画中见过。歌声悦耳，牧歌呢，踏歌呢？

…………

【注释】

〔1〕桃花潭：桃花潭位于安徽省泾县桃花潭镇境内（青弋江上游），距县城34公里。唐代诗人李白曾于此地写下“桃花潭水深千尺，不及汪伦送我情”的千古绝唱。

〔2〕翟村：桃花潭所在的桃花潭镇，古称南阳镇，分万村和翟村。

〔3〕《赠汪伦》：是唐代大诗人李白游历桃花潭时写给当地好友汪伦的一首留别诗。

〔4〕“相看两不厌，只有敬亭山”：出自李白的《独坐敬亭山》。

【赏析】

陈所巨（1948—2005），当代著名诗人，散文家。安徽桐城人。安徽省桐城市政协副主席、文联主席、一级编剧。毕业于武汉大学中文系。中国作家协会会员，安徽省作家协会副主席，享受国务院“政府特殊津贴”专家。著有长篇历史小说《明宫奇冤》（合作），诗歌《乡村诗集》（合作）、《在阳光下》；《阳光·土地·人》为诗人的代表作诗集，于1986年4月由人民文学出版社出版；《父子宰相》于2018年在复旦大学出版社重新出版。

落花人独立(节选)

一月中旬到台北"故宫博物院"看展览,见旁边的至善园梅花初绽,于是隔周带着画具去写生。进门吓一跳,原以为该是梅花成海,居然换作满眼新绿,还隐约可见小小的梅实。只有"松风阁"旁一棵两丈多高的树顶一片红,是绯寒樱!

那树应该很老,才能长得奇高,又一定曾经生病或遭遇强风,靠近下面的枝子全断了!所幸树梢还能开花,而且大概集中了整株的力量,特别明显。

樱花的种类很多,最著名的应该是吉野樱了,日本气象厅怕民众错过吉野樱开,甚至会预告各地的"花期"。更有所谓"樱花祭",吉野樱盛放的时候,人们携家带眷聚在花下,整夜地饮酒高歌,让人想到李白《春夜宴桃李园序》中的"古人秉烛夜游,良有以也"。道理很简单!唯恐春花易逝、韶华不为少年留。晏幾道《临江仙》"落花人独立,微雨燕双飞"形容得更好:因为微雨,花愈易落;因为花尽,人愈孤独。

吉野樱是人工育种,多半娇生惯养,所以很不耐风,一阵风来就花落如雨。但是台湾绯寒樱不同,她世代在凄风苦雨的山上成长,所以强壮得多。加上花形不同,吉野樱盛放时拼命伸展花瓣,一团一团地簇生,甚至能把枝子压弯,而绯寒樱是"吊钟形",就算盛放也只半开,像是张着小嘴挂在枝头,风来雨来甚至霜雪来,都只能落在"小铃铛"的外边,花朵朝着地面,依然吐蕊绽放。也就有轻车熟路的蜜蜂从下往上飞,钻进去采蜜,甚至躲在花里寒。想想,如果有个红红透明的小玻璃屋挂在半空,任凭冷雨寒霜从四周坠落，里面明窗斗室、晶莹剔透，还供应甜蜜香醪，小虫进去能不陶醉吗？

正因为绯寒樱都朝下绽放，所以我特别喜欢仰望的感觉，如果像至善园的大树就更好了，它让我一下子飞回惨绿少年。那时候我高二因病休学，很忧郁，特别喜欢独自登山。最记得有一回从阳明公园远眺，看见大屯山整月早春的翠绿森林中，跳出一团艳红，美极了！于是决定上去寻芳，看看那棵树真正的样子。

…………

雨中布满青苔的石头很滑，山势陡又没护栏，失足坠落也没人知道。终于到达瀑布顶端，有个小房子，似乎是积蓄泉水的地方。前面山麓的地势较平，从一片枫香杂木林间隐约可见一抹红，应该就是那棵绯寒樱了。为了寻花，我不得不舍弃原有的小路走进树林。……

烟岚夹着冷雨，虽然不大，但是积在树梢的雨水随风一波波洒落，噼噼啪啪打在我的脸上。视线模糊了，摘下眼镜低头擦拭，发现四周草丛和树干上有好多鲜艳的小点子。抬头，一惊，满天绯红！树很高，几乎隐没在雨雾之中，点点飞花拖着道道冷雨，纷纷坠落……

【赏析】

刘墉，1949 年生于台湾台北，祖籍浙江临安。画家、作家。纽约哥伦比亚大学研究生，圣若望大学东亚研究所硕士，台湾师范大学美术系学士。著有有声书《从跌倒的地方爬起来飞扬》《在灵魂居住的地方》等；散文集《萤窗小语》《超越自己》等；文学经典作品《花痴日记》《母亲的伤痕》等；处世系列《人生的真相》《我不是教你诈》等；文艺理论《刘墉山水写生画法（中英文版）》《白云堂画论画法（中英文版）》等文学、艺术作品七十余种。

《落花人独立》作者以“吉野樱”和“绯寒樱”两者的花期、培植方式、生长之地、花开之状不同的对比，更钟情于绯寒樱，赞美其不畏寒霜，悄然绽放，默默为世间添绿的精神。同时，抒发了作者追寻美好生活，热爱生命的人生态度。

史铁生

轻轻地走与轻轻地来(节选)

现在我常有这样的感觉：死神就坐在门外的过道里，坐在幽暗处，凡人看不到的地方，一夜一夜耐心地等我。不知什么时候它就会站起来，对我说：嘿，走吧。我想那必是不由分说。但不管是什么时候，我想我大概仍会觉得有些仓促，但不会犹豫，不会拖延。

“轻轻地我走了，正如我轻轻地来”——我说过，徐志摩这句诗未必牵涉生死，但在我看，却是对生死最恰当的态度，作为墓志铭真是再好也没有。

死，从来不是一次性完成的。陈村有一回对我说：人是一点一点死去的，先是这儿，再是那儿，一步一步终于完成。他说得很平静，我漫不经心地附和，我们都已经活得不那么在意死了。

这就是说，我正在轻轻地走，灵魂正在离开这个残损不堪的躯壳，一步步告别着这个世界。这样的时候，不知别人会怎样想，我则尤其想起轻轻地来的神秘。比如想起清晨、晌午和傍晚变幻的阳光，想起一方蓝天，一个安静的小院，一团扑面而来的柔和的风，风中仿佛从来就有母亲和奶奶轻声的呼唤……不知道别人是否也会像我一样，由衷地惊讶；往日呢？往日的一切都到哪儿去了？

生命的开端最是玄妙，完全的无中生有。好没影儿的忽然就进入了一种情况，一种情况引出另一种情况，顺理成章天衣无缝，一来二去便连接出一个现实世界。真的很像电影，虚无的银幕上，比如说忽然就有了一个蹲在草丛里玩耍的孩子，太阳照耀他，照耀着远山、近树和草丛中的一条小路。然后孩子玩腻了，沿小路蹒跚地往回走，于是又引出小路尽头的一座房子，门前正在张望他的母亲，埋头于烟斗或报纸的父亲，引出了一个家，随后引出一个世界。孩子只是跟随这一系列情况走，有些一闪即逝，有些便成为不可更改的历史，以及不可更改的历史的原因。这样，终于有一天孩子会想起开端的玄妙：无缘无故，正如先哲所言——人是被抛到这个世界上来的。

其实，说"好没影儿的忽然你就进入了一种情况"和"人是被抛到这个世界上来的"，这两句话都有毛病，在"进入情况"之前并没有你，在"被抛到这个世界上来"之前也无所谓人。——不过这应该是哲学家的题目。

…………

那些情景如今都到哪儿去了？那时刻，那孩子，那样的心情，惊奇和痴迷的目光，一切往日情景，都到哪去了？它们飘进了宇宙，是呀，飘去五十年了，但这是不是说，它们只不过飘离了此时此地，其实它们依然存在？

梦是什么？回忆，是怎么一回事？

倘若在五十光年之外有一架倍数足够大的望远镜，有一个观察点，料必那些情景便依然如故，那条小街，小街上空的鸽群，两个无名的僧人，蜻蜓膀上的闪光和那个痴迷的孩子，还有天空中美妙的声音，便一如既往。如果那望远镜以光的速度继续跟随，那个孩子便永远都站在那条小街上，痴迷地眺望。要是那望远镜停下来，停在五十光年之外的某个地方，我的一生就会依次重现，五十年的历史便将从头上演。

真是神奇。很可能，生和死都不过取决于观察，取决于观察的远与近。比如，当一颗距离我们数十万光年的星星实际早已熄火，它却正在我们的视野里度着它的青年时光。

时间限制了我们，习惯限制了我们，谣言般的舆论让我们陷于实际，让我们在白昼的魔法中闭目塞听不敢妄为。白昼是一种魔法，一种符咒，让僵死的规则畅行无阻，让实际消磨掉神奇。所有的人都在白昼的魔法之下扮演着紧张、呆板的角色，一切言谈举止一切思绪与梦想，都仿佛被预设的程序所圈定。

因而我盼望夜晚，盼望黑夜，盼望寂静中自由的到来。

甚至盼望站到死中，去看生。

我的躯体早已被固定在床上，固定在轮椅中，但我的心魂常在黑夜出行，脱离开残废的躯壳，脱离白昼的魔法，脱离实际，在尘嚣稍息的夜的世界里游逛，听所有的梦者诉说，看所有放弃了尘世角色的游魂在夜的天空和旷野中揭开另一种戏剧。风，四处游走，串联起夜的消息，从沉睡的窗口到沉睡的窗口，去探望被白昼忽略了的心情。另一种世界，蓬蓬勃勃，夜的声音无比辽阔。是啊，那才是写作啊。至于文学，我说过我跟它好像不大沾边儿，我一心向往的只是这自由的夜行，去到一切心魂的由衷的所在。

【赏析】

史铁生(1951—2010)，出生于北京，毕业于清华大学附属中学。中国作家、散文家。历任中国作家协会全国委员会委员，北京作家协会副主席，中国残疾人联合会副主席。史铁生多年来与疾病顽强抗争，在病榻上创作出了大量优秀的广为人知的文学作品，著有《史铁生全集》等。曾获得两次全国优秀短篇小说奖、两次鲁迅文学奖，以及老舍文学奖等多种文学奖项。

生命对于每个人来说只有一次，如何才能感悟生命的意义呢？让我们通过作品，体会作者在景物描写中所传达出的对生命的感悟和体验，用心灵去感受人的生与死吧。

我的梦想(节选)

“也许是因为人缺了什么就更喜欢什么吧”。我的两条腿一动不能动,却是个体育迷。我不光喜欢看足球、篮球以及各种球类比赛,也喜欢看田径、游泳、拳击、滑冰、滑雪、自行车和汽车比赛,总之我是个全能体育迷。当然都是从电视里看,体育馆场门前都有很高的台阶,我上不去。……

其实我是第二喜欢足球,第三喜欢文学,第一喜欢田径。我能说出所有田径项目的世界纪录是多少,是由谁保持的,保持的时间长还是短。譬如说男子跳远纪录是由比蒙保持的,20 年了还没有人能破,不过这事不大公平,比蒙是在地处高原的墨西哥城跳出这八米九零的,而刘易斯在平原跳出的八米七二事实上比前者还要伟大,但却不能算世界纪录。

…………

我最喜欢并且羡慕的人就是刘易斯。他身高一米八八,肩宽腿长,像一头黑色的猎豹,随便一跑就是十秒以内,随便一跳就在八米开外,而且在最重要的比赛中他的动作也是那么舒展、轻捷、富于韵律;绝不像流行歌星们的唱歌,唱到最后总让人怀疑这到底是要干什么。不怕读者诸君笑话,我常暗自祈祷上苍,假若人真能有来世,我不要求别的,只要求有刘易斯那样一副身体就好。

…………

【赏析】

《我的梦想》这篇文章是史铁生对自己完美梦想的诠释,从开篇为什么喜欢体育和最喜欢的体育项目田径，之后讲述自己通过对田径偶像刘易斯从身躯的美慕到灵魂的向往。

史铁生说:“我的职业是生病，业余在写作”。史铁生直面苦难，他从腿残之初的渴望死中走了出来，他从身体残疾和肾病的苦难中坚强地挺了过来，他战胜了自己，“由那丑陋的蛹中破茧而出，变成了一只闪耀着诗性灵光的蛾子”。史铁生虽然对自身的残疾很沮丧，但却不断追求，不断向往更健全的身躯，还更加向往健全的灵魂。表达了不但追求更高的梦想，还有更高的境界。

作者在刘易斯的身上领悟到：仅有健美的躯体仍然意味着局限，仍有可能成为最不幸的人，还必须在不断超越自我局限的无尽路途上去理解幸福，在千辛万苦中靠自己去获取。两者兼得，才会有一个最幸福的人生。

访　兰

父亲喜欢兰草，每过一些日子，就会到深山中一趟，带回些野兰来培栽，家里庭院就有了百十余种，像要做一个兰草园圃似的。方圆十几里的人都跑来观赏。父亲并不因此而得意，反倒有几分愠怒。以后又进山去，就不再带回那些野生野长的兰草了。我很奇怪，问他，又不肯说，只是有一次再进山的时候，要我和他一块去访兰。

我们走了半天，一直到山的深处。那里有一道瀑布，从几十丈高的山崖直直垂下，老远就听到了轰轰隆隆的响声，水沫扬起来，弥漫了半个天空，日光在上面浮着，晕出七彩迷离的虚幻。我们沿谷底走，便看见有很多野兰草、盈尺高的，都开了淡淡的兰花，像就地铺着一层寒烟，香气浓烈极了。

我从未见过这么清妙的兰草，连声叫好，正要动手挖，父亲却把我制止了，问道："你觉得这里的兰草好呢，还是家里的那些好呢？"

我说："这里的好！"

"怎么好呢？"

"好像是味儿不同吗？"

"这是为什么？一样的兰草，长在两个地方就有两个味儿？"

父亲说："兰草是空谷的幽物，得的是天地自然的元气，长的是山野水畔的趣姿；一经培栽，便成了玩赏的盆景。"

"但它确实叶更嫩、花更繁大了呢！"

"样子似乎是美了，但美得太甜、太媚，格调也就俗了。"

父亲的话是对的，但我不禁惋惜了：这么精神的野兰，在这么个空谷僻野，叶是为谁长的，花是为谁开的，会有几个人欣赏它呢？

“这正是它的不俗之处，它不为被人欣赏而生长，却为着自己的特色而存在着，所以它才长得叶纯，开得花纯，楚楚的有着它自己的灵性。”

父亲拉我坐在潭边，看着兰，也看着我，说：“做人也是这样啊！人活在世上，不能失了自己的真性，献媚处事，就像盆景中的兰草一样降了品格，低俗的人不会对社会有贡献的。”

我深深地记着父亲的话。从那以后，已经是 15 年过去了，我一直未敢忘却过。

【赏析】

贾平凹，原名贾平娃，1952 年生，陕西丹凤人。1975 年毕业于西北大学中文系。全国人大代表，中国作家协会副主席，陕西省作家协会主席，西安市文联主席。1974 年开始发表作品。著有小说集《贾平凹获奖中篇小说集》《贾平凹自选集》，长篇小说《商州》《白夜》，自传体长篇《我是农民》等。《腊月·正月》获中国作协第 3 届全国优秀中篇小说奖；《满月儿》获 1978 年全国优秀短篇小说奖；《废都》获 1997 年法国费米娜外国文学奖；《浮躁》获 1987 年美国美孚飞马文学奖；《秦腔》获第七届茅盾文学奖。

散文《访兰》以兰喻人，探寻做人处事之理，行文如风行水上，极为自然。“访”有寻求的意思，对兰草的寻访表明了“父亲”与“我”对兰草高雅、纯朴品格的敬仰；同时，用“访”字，把兰草人格化，从而更突出了兰草的象征意义。空谷有幽兰，遗世而独立。

生命的化妆(节选)

我认识一位化妆师。她是真正懂得化妆,而又以化妆闻名的。

对于这生活在与我完全不同领域的人,我增添了几分好奇,因为在我的印象里,化妆再有学问,也只是在皮相上用功,实在不是有智慧的人所应追求的。

因此,我忍不住问她:"你研究化妆这么多年,到底什么样的人才算会化妆?化妆的最高境界到底是什么?"

对于这样的问题,这位年华已逐渐老去的化妆师露出一个深深的微笑。她说:"化妆的最高境界可以用两个字形容,就是'自然'。最高明的化妆术,是经过非常考究的化妆,让人家看起来好像没有化过妆一样,并且这化出来的妆与主人的身份匹配,能自然表现那个人的个性与气质。次级的化妆是把人凸显出来,让她醒目,引起众人的注意。拙劣的化妆是一站出来别人就发现她化了很浓的妆,而这层妆是为了掩盖自己的缺点或年龄的。最坏的一种化妆,是化过妆以后扭曲了自己的个性,又失去了五官协调,例如小眼睛的人竟化了浓眉,大脸蛋的人竟化了白脸,阔嘴的人竟化了红唇……"

没想到,化妆的最高境界竟是无妆,竟是自然,这可使我刮目相看了。

化妆师看我听得出神,继续说:"这不就像你们写文章一样?拙劣的文章常常是词句的堆砌,扭曲了作者的个性。好一点的文章是光芒四射、吸引了人的视线,但别人知道你是在写文章。

最好的文章，是作家自然的流露，他不堆砌，读的时候不觉得是在读文章，而是在读一个生命。”

多么有智慧的人呀！可是，“到底做化妆的人只是在表皮上做功夫呀！”我感叹地说。

…………

化妆师接着做了这样的结论：“你们写文章的人不也是化妆师吗？三流的文章是文字的化妆，二流的文章是精神的化妆，一流的文章是生命的化妆。这样，你懂化妆了吗？”

我为了这位女性化妆师的智慧而起立向她致敬，深为我最初对化妆师的观点感到惭愧。

告别了化妆师，回家的路上我走在夜黑的地表，有了这样的深刻体悟：这个世界一切的表相都不是独立自存的，一定有它深刻的内在意义，那么，改变表相最好的方法，不是在表相下功夫，一定要从内在里改革。

可惜，在表相上用功的人往往不明白这个道理。

【赏析】

林清玄（1953—2019），台湾高雄人，当代散文家、诗人、学者。笔名有秦情、林漓、林大悲、林晚啼、侠安、晴轩、远亭等。毕业于台湾世新大学。著有散文《查塔卡的杜鹃》，他的文章《和时间赛跑》《桃花心木》选入人教版、北师大版小学语文课本。他是台湾地区作家中最高产的一位，在30岁前几乎得遍了台湾地区所有文学大奖，是获得各类文学奖最多的一位，也被誉为“当代散文八大作家”之一。2019年1月23日，林清玄过世，终年65岁。

本文是林清玄所写的一篇散文，也是他的代表作。文章的主体是作者与那位化妆师的对话与作者的感悟。在他们的对话中化妆师向作者诠释了什么是“化妆”，并且让作者对“化妆”有了新的认识，化妆是一门艺术，有妆胜无妆是最自然的妆容。化妆不仅仅是一门艺术，就如写文章一样，三流的文章是文字的化妆，二流的文章是精神的化妆，一流的文章才是生命的化妆。这三句饱含人生哲理的话让人学会思考，让人领悟到在这个世界一切的表相都不是独立自存的，一定有它深刻的内在意义。同时也告诉我们一个人生哲理：改变表相的最好办法，不是在表相下功夫，而是一定要从内在里进行改变，要做有内涵的人。

王安忆

两个大都市（节选）

上海和北京的区别首先在于小和大。北京的马路、楼房、天空和风沙，体积都是上海的数倍。刮风的日子里，风在北京的大空浩浩荡荡地行军，它们看上去就像是没有似的，不动声色的。然而透明的空气却变成颗粒状的，有些沙沙的，还有，天地间充满着一股鸣声，无所不在的。上海的风则要琐细得多，它们在狭窄的街道与弄堂索索地穿行，在巴掌大的空地上盘旋，将纸屑和落叶吹得溜溜转，行道树的枝叶也在乱摇。当它们从两幢楼之间挤身而过时，便使劲地冲击一下，带了点撩拨的意思。北京的天坛和地坛就是让人领略辽阔的，它让人领略大的含义。它传达“大”的意境是以大见大的手法，坦荡和直接，它就是圈下泱泱然一片空旷，是坦言相告而不是暗示提醒。它的“大”还以正和直来表现，省略小零小碎，所谓大道不动干戈。

…………

上海的豫园却是供人欣赏精致、欣赏小的妙处，针眼里有洞天。山重水复，作着障眼法，乱石堆砌，以作高楼入云，迷径交错，好似山高路远。它乱着人的眼睛，迷着人的心。……它是世俗而非权威的，与人是平等相待，不企图去征服谁的。它和人是打成一片，且又你是你，我是我，并不含糊的。

即便是上海的寺庙也是人间烟火，而北京的民宅俚巷都有着庄严肃穆之感。北京的四合院是有等级的，是家长制的。它偏正分明，主次有别。它正襟危坐，慎言笃行。它也是叫人肃然起敬的。它是那种正宗传人的样子，理所当然，不由分说。当你走在两面高墙之下的巷道，会有压力之感，那巷道也是有权力的。

上海的居民是平易近人的，老城厢尽是那种近乎明清市井小说中的板壁小楼。带花园的新式里弄房子，且是一枝红杏出墙来的。那些雕花栏杆的阳台，则是供上演西装旗袍剧的。富豪们的洋房，是眉飞色舞，极尽张扬的，……有点沉不住气。

【赏析】

王安忆，女，1954年生于江苏南京，原籍福建同安，当代作家、文学家。著作有长篇小说《小鲍庄》《长恨歌》等。1972年，考入徐州文工团工作。1976年发表散文处女作《向前进》。1987年调上海作家协会创作室从事专业创作。1996年发表个人代表作《长恨歌》，获得第五届茅盾文学奖。2004年《发廊情话》获第三届鲁迅文学优秀短篇小说奖。2013年获法兰西文学艺术骑士勋章。2018年10月，《向西，向西，向南》获得第五届郁达夫小说奖“中篇小说奖”。现为中国作协副主席、上海市作家协会主席，复旦大学教授。

作者久居上海，对那里的风土人情是熟悉的，不与其他城市比较，怕是很难看出其城市的魅力。于是，作者以她独特的眼光，将上海与北京这两座城市加以比较，进行一组一组现象的对比，如城市的格局、空间、街巷、院子。

作者深入思考，视角独特敏锐。本文通篇采用对比的手法，引领我们解读云雾般的城市谜团。王安忆在京沪两地生活过，她对两个城市异常熟悉，再加上作者对我国的历史沿革、传统文化格外精通，因而这篇文章才会写得如此底蕴厚重、不同凡响。

陈启文

雨中凤凰(节选)

那透明的感觉是慢慢到来的。它经过你,而到达你生命的每一角落,把一身的风尘洗得干干净净了,你才可以走在先生踩出来的脚板印上,走进那些使你眼珠子发亮的情节里去。

或许这就是凤凰了。仿佛沉入了水底,捞也捞不起来。那条先生孩提时代走过不止一次的河街,那一幢幢面对河水依旧不动声色地伫立着的吊脚楼,那五彩斑斓涂染过千万苗家儿女鲜血的鹅卵石,那河上的渔船和渔船上沐着细雨的鹭鸶,都是湿的,像是先生写下的每一个文字。湿而且亮,一如鸟儿圆圆的眼睛,永远都怀着某种神奇的使命。没有他深情的注视,我们永远也发现不了湘西土地奇异而黑暗的美。我们也不会知道在地球上还有一个叫凤凰的小小山城。她和同名的那只神鸟一样,更接近于一种想象出来的东西,是先生把她变得真实了,真实得就像我们自己的母亲。

一个远道而来的好奇的看客,是走不进真正意义上的湘西和凤凰的。你会感觉到自己来自另一个世界,你也就只能在一个老故事的边缘长久地徘徊。在这个充满难解的符号般的世界里,我们绝对不是来看风景的,我们更多地是来寻找对于母亲的信仰,从而确立我们生命的庄严感。沿着先生字里行间欢乐和眼泪的脉络,走进那座带天井的院落,不仅仅只有岁月沧桑后的感慨,还闻得到婴儿的味道。一百年前,那个刚从母腹中钻出来的婴儿,也是在一个雨天里降生的。这是一个宿舍。那个夜晚,那个比黑的黑夜还要黑的夜晚,只有他的哭声、母亲幸福的眼泪和那些雨水是明亮的。现在我就站在他降生的那一间房子里的那张老旧的雕花大床边，隔着窗棂，看着檐外的水。很白的那种雨。从天而降永远是一件庄严而神秘的事情，哪怕只是一滴雨的降落。一滴雨从天上落到地上最终在无数的雨点中溅成一朵水花，消失了，这一漫长的过程只是瞬间的一闪而已，没有人能够看清楚。我想先生自己也没有看清楚过。老屋中的另一间房子，曾经囚禁过先生的童年。也挨过打，也罚过跪，跪在祖宗的牌位底下，每次要跪一炷香的时间。在这紧闭的房间里跪得久了，弥漫的烟雾会遮得连自己也看不见自己。所有的囚禁，永远都是人类天性中的自由必须付出的代价。但囚禁自由的那位严厉的父亲，可能没有想到，任何方法都不能拘束那颗小小的心，它跳着，以一派率性而为的野气，依然跳到各处去听，去看，去嗅闻。

【赏析】

陈启文，1962 年生，湖南临湘人，中国作家协会会员，中国散文学会理事，一级作家。历任湖南临湘江南中学教师、文联副主席、《张家界》杂志社社长兼主编。1993 年辞职，应聘至广东花城出版社任业务经理、广东花城天图有限公司副总经理、高级策划师。1997 年回故乡定居，成为纯粹的自由写作者和自由思想者。中国作家协会第九届全国委员会委员。

对人民的热爱，对劳动的赞美，构成了陈启文作品的思想主旋律。“文学不能没有责任感，作家不能没有使命感。”陈启文的散文随笔首先给人一种热烈的生命感觉。

刘亮程

对一朵花微笑

我一回头，身后的草全开花了。一大片。好像谁说了一个笑话，把一滩草惹笑了。

我正躺在山坡上想事情。是否我想的事情——一个人脑中的奇怪想法让草觉得好笑，在微风中笑得前仰后合。有的哈哈大笑，有的半掩芳唇，忍俊不禁。靠近我身边的两朵，一朵面朝我，张开薄薄的粉红花瓣，似有吟吟笑声入耳；另一朵则扭头掩面，仍不能遮住笑颜。我禁不住也笑了起来。先是微笑，继而哈哈大笑。

这是我第一次在荒野中，一个人笑出声来。

还有一次，我在麦地南边的一片绿草中睡了一觉。我太喜欢这片绿草了，墨绿墨绿，和周围的枯黄野地形成鲜明对比。

我想大概是一个月前，浇灌麦地的人没看好水，或许他把水放进麦田后睡觉去了。水漫过田埂，顺这条干沟漫漶而下。枯萎多年的荒草终于等来一次生机。那种绿，是积攒了多少年的，一如我目光中的饥渴。我虽不能像一头牛一样扑过去，猛吃一顿，但我可以在绿草中睡一觉。和我喜爱的东西一起睡，做一个梦，也是满足。

一个在枯黄田野上劳忙半世的人，终于等来草木青青的一年。

草木会不会等到我出人头地的一天?

这些简单地长几片叶、伸几条枝、开几瓣小花的草木，从没长高长大、没有茂盛过的草木，每年每年，从我少有笑容的脸和无精打采的行走中,看到的是否全是不景气?

我活得太严肃,呆板的脸似乎对生存已经麻木,忘了对一朵花微笑,为一片新叶欢欣和激动。这不容易开一次的花朵,难得长出的一片叶子,在荒野中,我的微笑可能是对一个卑微生命的欢迎和鼓励。就像青青芳草让我看到一生中那些还未到来的美好前景。

以后我觉得,我成了荒野中的一个。真正进入一片荒野其实不容易,荒野旷敞着,这个巨大的门让你努力进入时不经意已经走出来,成为外面人。它的细部永远对你紧闭着。

走进一株草、一滴水、一粒小虫的路可能更远。弄懂一棵草,并不仅限于把草喂到嘴里嚼嚼,尝尝味道。挖一个坑,把自己栽进去,浇点水,直愣愣站上半天,感觉到可能只是腿酸脚麻和腰疼,并不能断定草木长在土里也是这般情景。人没有草木那样深的根,无法知道土深处的事情。人埋在自己的事情里,埋得暗无天日。人把一件件事情干完,干好,人就渐渐出来了。

我从草木身上得到的只是一些人的道理,并不是草木的道理。我自以为弄懂了它们,其实我弄懂了自己。我不懂它们。

【赏析】

刘亮程,作家,1962年出生在新疆古尔班通古特沙漠边缘的一个小村庄。著有诗集《晒晒黄沙梁的太阳》,散文集《一个人的村庄》《在新疆》《一片叶子下生活》,小说《虚土》等。被誉为"20世纪中国最后一位散文家"和"乡村哲学家"。2015年6月获"第十六届百花文学奖"散文奖。2014年8月获"第六届鲁迅文学奖"散文杂文奖。

一朵花的生命固然卑微,但是它在艰难中绝不放弃,灿烂绽放,洋溢着旺盛的生命力,给人感动和启示:人在成长中也会和花朵一样,有生存的艰辛,有痛苦的磨难,有贫穷和疾病的困扰,但人决不能消沉,只要努力就会有美满的结果。

刘亮程

寒风吹彻(节选)

雪落在那些年雪落过的地方,我已经不注意它们了。比落雪更重要的事情开始降临到生活中。三十岁的我,似乎对这个冬天的来临漠不关心,却又好像一直在倾听落雪的声音,期待着又一场雪悄无声息地覆盖村庄和田野。

…………

经过许多个冬天之后,我才渐渐明白自己再躲不过雪,无论我残缩在屋子里,还是远在冬天的另一个地方,纷纷扬扬的雪,都会落在我正经历的一段岁月里。当一个人的岁月像荒野一样敞开时,他便再无法照管好自己。

就像现在,我紧围着火炉,努力想烤热自己。我的一根骨头,却露在屋外的寒风中,隐隐作痛。那是我多年前冻坏的一根骨头,我再不能像捡一根牛骨头一样,把它捡回到火炉旁烤熟。它永远地冻坏在那段天亮前的雪路上了。

那个冬天我十四岁,赶着牛车去沙漠里拉柴禾。那时一村人都是靠长在沙漠里的一种叫梭梭的灌木取暖过冬。因为不断砍挖,有柴火的地方越来越远。往往要用一天半夜时间才能拉回一车柴火。每次去拉柴火,都是母亲半夜起来做好饭,装好水和馍馍,然后叫醒我。有时父亲也会起来帮我套好车。我对寒冷的认识是从那些夜晚开始的。

…………

但在我周围,肯定有个别人不能像我一样度过冬天。他们被留住了。冬天总是一年一年地弄冷一个人,先是一条腿、一块骨头、一副表情、一种心境……而后整个人生。

【赏析】

可以说刘亮程所有的作品都保持着一种淡淡的乡土气息，如果说刘亮程所有的作品是一部田园组十诗，那么《寒风吹彻》就是其中一首质朴醇厚的冬季诗篇。

《寒风吹彻》一文，为我们营造了一种非常凄凉的氛围，每个读者都可以体会到寒风给我们带来的寒冷。不管寒风为我们带来了漫天无际的黄沙，还是为我们带来了漫天飘扬的大雪，我们都不必恐惧。因为，我们与这阵寒风保持着一段适当的距离，我们只看到作者一个人身处寒风与黑夜之中，但是作者将这些看得都很平淡。

在本文中，作者叙述了三个主要事情——"冬日去沙漠拉柴火，我的腿被冻坏了""流浪老人被冻死在村子里""姑妈之死"。前两件叙事，作者采用了间接转述人物对话，在凄凉的环境描写及缓慢的叙事中，我们不难体会到生活的艰辛与凄凉。在第三件叙事中，"我"与姑妈的对话仍然间接转述，作者把"我"与母亲的对话直接展示出来，这看似无意的写作方式似乎是在向读者暗示一种"活在当下"的哲学命题，让人对生命的价值有更深刻的理解。

祝勇

古酒如诗（节选）

与诗人共同生存在这个世界里，应当说是我们的幸运。诗，使灰暗变得多彩，使短暂变得永久，使有限变成无限，使腐朽化为神奇；诗，使生命中许多不可能最终成为可能；诗，使人类充分体验到情感的欢畅与智慧的奇谲。无数的新诗正散布在我们周围，如星雨，如花瓣，飘散在我们的日子深处。它们与我们相距那么近，伸手可触，然而又有多少人注意到它们的存在呢？是因为李白李贺李商隐都已在历史的烟尘里隐退，而浮华的现世，不再造就王维王勃王昌龄了吗？现在就下这样的结论，未免太匆忙了一点。唯一的解释，就是它们未曾经历过时间的淘洗。一首诗若要成为绝唱，是不能省略这一手续的。于是我明白了，好诗的诞生，是天才与时间的共同结果；而读诗，是需要一个时间的距离的。

在隔过久远的时间之后，我们再去读它们，已不再是普通的阅读，这些诗的年龄与生命力，使我们升起由衷的敬畏感。如同啜饮一樽古酒，每一滴不曾挥发的汁液，都是与时间抗争的结果，令我们不能不感到激动，不能不肃然起敬。这种“先入为主”的敬意，在阅读同代人的诗作时，是不常有的。

…………

于是，在一次一次反复的吟诵当中，我们对世界对生命对完美对缺憾的体察一天一天地深化，直到有一天，我们发现，诗歌最终成为我们精神的源泉与归宿。读诗，赋予我们的生命以更深厚的意义，同时也使诗歌本身的魅力一次次地深化和升值。

地老天荒,美人迟暮,只有诗,常读常新。诗不会老,就更不会死。在诗歌的低潮时期,我从未对诗失去信念,原因也正在这里。

【赏析】

祝勇,1968年生于辽宁省沈阳市,原籍山东东明。作家,学者,艺术学博士,北京作家协会合同制作家,第十届全国青联委员,担任多部大型历史纪录片总撰稿。先后荣获第21届中国电视星光奖,第25、26届大众电视金鹰奖优秀纪录片奖,中国十佳纪录片奖,中国纪录片学院奖,《辛亥》获第18届中国纪录片年度特别作品奖等等。获第16届"百花文学奖"散文奖。已出版作品40余种:长篇历史小说《旧宫殿》《血朝廷》,历史散文集《纸天堂》《反阅读:革命时期的身体史》等。

作者将诗歌拟作一杯陈年之酒,越老越有韵味,越能品出其中的奥妙。源远流长的中华诗歌虽历经时间的冲刷而仅留下零散的一部分,但能保存下来的,多为民族文化精品,它对于我们灵魂的提升与充实起到了非常重要的作用。

王开岭

精神明亮的人（节选）

19世纪的一个黎明，在巴黎乡下一栋亮灯的木屋，居斯塔夫·福楼拜在给亲密的女友写信："我拼命工作，天天洗澡，不接待来访，不看报纸，按时看日出（像现在这样）。我工作到深夜，窗户敞开，不穿外衣，在寂静的书房里……"

"按时看日出"，我被这句话猝然绊倒了。

一位以"面壁写作"为誓志的世界文豪，一个如此吝惜时间的人，却每天惦记着"日出"，把再寻常不过的晨曦之降视若一件盛事，当做一门必修课来迎对……为什么？

它像一盆水泼醒了我，浑身打个激灵。

我竭力去想象、去模拟那情景，并久久地揣摩、体味着它……

陪伴你的，有刚刚苏醒的树木，略含咸味的风，玻璃般的草叶，潮湿的土腥味，清脆的雀啼，充满果汁的空气、仍在饶舌的蟋蟀……还有远处闪光的河带，岸边的薄雾，红或蓝的牵牛花，隐隐战栗的棘条，一两滴被蛐声惊落的露珠，月挂树梢的氤氲，那蛋壳般薄薄的静……

从词的意义上说，黑夜意味着偃息和孕育；而日出，则象征着一种升跃和伊始，乃富有动感、饱含汁液和青春性的一个词。它意味着你的生命画册又添置了新的页码，你的体能电池又充满了新的热力。

正像分娩不重复，"日出"也从不重复。它拒绝抄袭和雷同，因为它是艺术，是大自然最宠爱的一幅杰作。

黎明，拥有一天中最纯澈、最鲜泽、最让人激动的光线，那是灵魂最易受孕、最受鼓舞的时刻，也是最能让青春荡漾、幻念勃发的时刻。像含有神性的水晶球，它唤醒了我们对生命的原始印象，唤醒了体内沉睡的某种细胞，使我们看清了远方的事物，看清了险些忘却的东西，看清了梦想、光阴、生机和道路……

迎接晨曦，不仅是感官愉悦，更是精神体验；不仅是人对自然的阅读，更是大自然以其神奇作用于生命的一轮撞击。它意味着一场相遇，让我们有机会和生命完成一次对视，有机会认真地打量自己，获得对个体更细腻、清新的感觉。它意味着一次洗礼，一次被照耀和沐浴的仪式，赋予生命以新的索引，新的知觉，新的闪念、启示与发现……

"按时看日出"，乃生命健康与积极性情的一个标志，更是精神明亮的标志。它不仅代表了一记生存姿态，更昭示着一种热爱生活的理念，一种生命哲学和精神美学。

透过那橘色晨曦，我触摸到了一幅优美剪影：一个人在给自己的生命举行升旗！

【赏析】

王开岭，1969年生，山东滕州人。现居北京。作家、媒体人。历任央视《社会记录》《24小时》《看见》等栏目的指导和主编。著有散文和思想随笔集《精神明亮的人》《古典之殇》《跟随勇敢的心》《精神自治》《激动的舌头》《王开岭作品·中学生典藏版》等十余本书，作品入录国内外数百种优秀作品选。获第16届"百花文学奖"散文奖。其作品因"清洁的思想、诗性的文字、纯美的灵魂"而在大中学校园拥有广泛影响，被誉为中国校园的"精神启蒙书"和"美文鉴赏书"。

在浮躁的社会环境中，阅读能够安抚人们不安的内心和浮躁的情绪。本文作者结合价值哲学思考，探讨对待人生的态度与情绪，从作品中的"按时看日出"剖析对待生活的最基本的态度：初心不改。

林敬钧

祈　　求

我曾经在长城上看到一位白发苍苍的画家画鹰。在北方特有的那种干燥湛蓝的天空下，苍劲古朴的长城默默地蜿蜒于群山之上。画家在一白布上泼墨挥毫。长城上的风扬起老人的白发，鼓动每一个人的衣襟。他展开那面墨汁未干的鹰旗。雄鹰起伏振翅，直欲破空而上。

阳光在大地上，也照在猎猎作响的鹰旗上。一瞬间，我忽然感觉到一种热血冲破冰层的眩晕，一种沉淀压抑已久的力量的猛烈爆发：天空、阳光、长城、老人、长风、鹰。那是我第一次见到鹰，却是我第一次为鹰震撼。

后来一个偶然的机会我在峭壁上看到了鹰的巢穴。那只是一个粗陋的石坑随便地搭上几根粗树枝，其余一无所有。它深深地印在我的脑海里。后来我看到南方一种色彩艳丽的织鸟精致而温暖安全的巢时，我想到了北方的鹰。不知为什么，我总觉得鹰的身上有一种冷峻而直入人心的力量。我明白鹰不需要巢穴。它从不躲避风雨。它是天地间飞翔的精灵，高傲、敏锐、凶猛、无畏，永不留恋巢穴的温暖与安乐。

我带一身风尘回到家乡，听说公园里来了个动物展览团。我想起了鹰，于是我去了。

从羽毛的颜色和体形可以看出：那是一只已经苍老的鹰和一只年轻的鹰。鹰架距我不到三米。那只苍老的鹰的羽毛零乱而支楞突兀，腿上有一根粗大的铁链，它埋头翅间。那只年轻的鹰目光迟滞，仿佛在看什么，又什么也没看到。

一个小孩,忽然放肆地把手中的香蕉皮扔向那只埋头的鹰。他一定不知道他干了一件多么愚蠢的事。因为他还在得意地笑。那只鹰猛地昂起了头,有力的颈部弯曲成了一个矫健而凶猛的弧度。我看到它眼中凌厉地闪过什么。它闪电般地直掠下来。

然而那长不足一米的铁链狠狠拽住了它,它猛然回坠,被倒吊在高高的鹰架上,晃来晃去,那只年轻的鹰展了展翅以便站稳,它冷漠地看了看脚下的同伴,又把茫然的目光投向远方。

那个被吓呆的小孩这时才清醒过来,悻悻地抓起一把泥沙朝那倒吊着的鹰狠狠扔去,又嘿嘿地笑起来,一边捡石块,一边大声地骂。那只苍老的鹰耸着翅、挣扎着,发出一串低沉的鸣音。它的声音在颤抖。我分明地感到一种苍白而强烈的悲怆冷冷地漫过心头。我拦住那个小孩。

鹰渐渐停止了挣扎,静静地倒吊在高高的鹰架下。利爪笔直地伸向天空——那里曾是它的家园、梦想、荣耀和骄傲。四下沉闷,天地间只有蝉在不停地叫。

我不知道鹰是否会流泪。

那夜我在山顶坐了良久。天上有月,月旁有星;山上有风,山下有楼。我在山顶大梦一场,一颗泪珠从天上落到我的手上。

清晨我再去看那两只鹰的时候,苍老的鹰依然倒吊着,只是刚刚死去。喂鹰的人说,野生的鹰是没法养活的——它不吃东西。他告诉我那只年轻的鹰是人工孵化的。

天空是蓝色的,一切都很安静。我想起北方的天空、阳光和鼓动衣襟的长风,想起伤痕累累的长城上那面猎猎的鹰旗。我不知道那只年轻的鹰在寻找什么,但我想那一定是一只被束缚的鹰对祖先血脉相承的东西的渴求——它一生未曾飞翔。

我知道鹰的灵魂在天上。我祈求世上善良的人们。给鹰一颗翱翔的心,让高飞的灵魂永不沉沦。

【赏析】

鹰是翱翔天地间的精灵，它是自由、力量的象征。散文《祈求》却让我们看到被束缚的鹰的痛苦、无奈和反抗，它对自由的渴盼，强烈的生命尊严，令人肃然起敬。

本文通过对两只鹰的对比描写，表现了生命自由的可贵、生命尊严的可敬、灵魂将逝的可悲。呼唤尊重生命，增强生命意识，透视出一种人生哲理。

本文让我们从鹰的身上得到人生的启迪。为人当如雄鹰，乐于迎接风雨洗礼；为人当如雄鹰，敢于维护人格尊严；为人当如雄鹰，做个活在天地间的强者。

就当蜻蜓掠过水面(节选)

我的朋友遇到惨烈的婚变，就像最没创意的编剧编出来的那种剧情：先生出轨，对象竟是她多年的闺蜜。遭到婚姻与友情的双重背叛让朋友万念俱灰，一个恍神就出了车祸。躺在医院里的时候，她的昔日闺蜜来看她，带来一篮苹果和一句对不起。朋友别过头去，只当没听见。

“在那种状况下，我宁可她别道歉，因为她只是想消减自己的罪恶感，但再多的道歉也不能让我的痛苦稍稍减少”，多年之后，朋友对我说起这段难过的往事，依然眉头紧蹙，“那种感觉就像是，她先砍下我的一只手臂，再丢给我一块药膏贴布，非常荒谬，只是让我更愤怒而已。”

何况当时的她还真的断了一条腿，不但失去婚姻、失去友情、失去健康，也失去行动自由，那真是一个女人人生的谷底。她憔悴万分地躺在那儿，一下子就老了十岁，对手却以光鲜亮丽的姿态，高高在上地俯视着她的惨状，那种高低落差对比强烈，一句轻描淡写的对不起，不但没有让她感到诚意，只让她觉得更受辱而已。

道歉是一门艺术，什么时候道歉，如何道歉，都是学问。最重要的是，如果没有让对方感到其中的真心诚意，说再多的对不起也无济于事。

…………

道歉有时无关对错，而是一种社会礼仪，或是一种个人教养。道歉有时也代表愿意承担前人的过犯，为历史赎罪。

【赏析】

作者曾经迟迟等不到一个道歉，最后终于完全心灰意冷而彻底放弃，因为问题在于对方根本不认为自己有错，对于伤害了别人也毫不在乎，那种恶意非常单纯，接近原始的凶残，就像幼稚的孩子撕开蝴蝶的翅膀一样，完全没有罪恶感。那让人连原谅都无从原谅起——如果犯错的人毫无歉意，宽恕与否也就失去了意义。

也曾经盘踞在胸臆之间的歉疚无处可去，于是那些始终未能释放的情绪，就像鬼魅一样，会在夜深人静的时候循着记忆的旧时路径悄悄回来，令人心如刀绞。诚然因为年轻与无心而犯下的过错，或许从此成为某个人心头的伤痕，当时不明白，后来才懂得了，但过去的已经过去，回来的只有阴魂不散的悔恨与歉意。

然而时光不能倒流，谁也不能回到从前去修正自己的错误，于是作者渐渐学会宽宥过往也原谅自己，若还有不能释怀的就先暂放一旁，不再多想。毕竟心头的重担总要放下，就像乘着热气球旅行一样，除非舍得丢弃那些过时的行李；否则就无法高飞。

是非对错就像蜻蜓掠过的水面，涟漪早就消于无形，也像飞鸟经过的天空，去留也不见痕迹。一切的赎罪与宽恕都在人的内在生起与完成，也只对个人历史有意义。人生苦短，何必浪费在悔恨之中？在来得及的时候道歉并原谅，至于那些来不及的，就释放于天地之间，还给无边的虚空吧。

人的成长在于学会放下，学会释然，返璞归真。在论及人生的境界时，前人曾有三重表述：一开始看山是山，看水是水；随后看山不是山，看水不是水；最终又将回归山水自成，怡然自得的境界。同样，在论及于个人之于世界，对他人表达歉意或期待别人的道歉时，我们也经历着类似的成长。

现在的自己

一个朋友约我看戏。散场之后，我们一起去喝长岛冰茶，然后为了把酒醒一醒，沿着深夜的街道慢慢散步。

无人的台北街头有一种繁华落尽的静谧气氛，很适合我们中年微凉的心境。我和朋友认识的时候还很年轻，年轻到人生简直不算真正开始，后来各自经历了命运的曲折起伏，有过各种悲欢离合，足够各自写一部可歌可泣的长篇小说。如今，那些曾经让我们以为过不去的伤心事终成往昔，再回首时已经皆付笑谈中了。

朋友问我，如果时光可以倒流，还愿意回到年轻的自己吗？我说："不，好不容易才走到现在呢，回去做什么？把走过的路再走一遍吗？岂不前功尽弃。"

年轻的自己拥有大把的光阴和无限的可能，却也拥有太多的不安与不定，说得好听是青春飞扬，但同等的意思就是心绪浮躁。那时太容易喜欢别人，也太容易对人失望，太容易相信别人，也太容易因人受伤。那时还不懂得如何与自己好好相处，常常要拿枝微末节来和自己过不去。那时与人相处也总是惊惶而敏感，担心犯错，也果然犯了许多错，并且付出了不少代价。

现在的自己依然会犯错，但有了年纪的优势就知道怎么与自己和解，就算还是会低落，也知道如何从另一个角度解读得失。比起从前，现在有待面对与解决的难题更多，但看待世情不再非黑即白，已经懂得如何去欣赏人性中的沙砾与人生中的灰色地带。

我并不怀念年轻的自己，但我接受所有走过的道路，不管那其中有多少错误和伤痛，因为是它们成就了现在的自己。那些错不像脸书上的帖文，写坏了可以删除或隐藏，它们是切切实实地发生了，也造成了必然的损伤，但人生本来就不完美，而现在有弹性接受这样的不完美，知道那就是真实的人生。只要有这样一个小小的体悟，所有的坎坷就值得了。

生命像一列火车轰隆隆驶过，扬起烟尘，再渐渐沉寂下落，曾经渴望的都得到了，其中有些已失去，另一些也不再那么重要，所有的狂喜与狂悲宛如一场梦境，过了也醒了。现在的自己不再年轻，却总算有了一张心平气和、在任何状况下都可以微笑的脸。

“所以，比起年轻时的我，我更喜欢现在的自己。”我说。朋友笑了，“我也是。”他说。

当不再等待别人也不再期待永远，才终于有了从容与淡定，有了千金难买的自在。我和朋友都同意，那是比起青春美貌更好的东西。

【赏析】

本文记述了“我”与朋友在散步中闲谈起是否“愿意回到年轻的自己”的话题，作者在回忆了自己的过往之后认为：回去就是前功尽弃。对以往走过的路、做过的事，无论是坎坷还是是非对错，“皆付笑谈中”。从而表达作者不悔过去、肯定现在的思想。现在的“我”除去了心中的浮华，拥有了淡定和从容，就拥有了内心的平和与自由。正如作者说，青春美貌固好，但现在的自在“千金难买”。

图书在版编目(CIP)数据

经典诵读.元曲　现当代散文/陈琳,朱琦,苏国波主编.—上海:复旦大学出版社,
2019.10(2022.8 重印)
ISBN 978-7-309-14526-7

Ⅰ.①经…　Ⅱ.①陈…②朱…③苏…　Ⅲ.①中华文化-高等职业教育-教材②元曲-选集
③散文集-中国-现代④散文集-中国-当代　Ⅳ.①K203②I222.9③I266

中国版本图书馆 CIP 数据核字(2019)第 164504 号

经典诵读:元曲　现当代散文
陈　琳　朱　琦　苏国波　主编
责任编辑/姜作达

复旦大学出版社有限公司出版发行
上海市国权路 579 号　邮编:200433
网址:fupnet@fudanpress.com　http://www.fudanpress.com
门市零售:86-21-65102580　团体订购:86-21-65104505
出版部电话:86-21-65642845
浙江临安曙光印务有限公司

开本 890×1240　1/32　印张 4.5　字数 103 千
2019 年 10 月第 1 版
2022 年 8 月第 1 版第 6 次印刷
印数 18 501—20 100

ISBN 978-7-309-14526-7/K·705
定价:12.50 元